Les Cahiers d'Irem

n° 9

LES ÉDITIONS DE L'ŒIL DU SPHINX
36-42 rue de la Villette
75019 PARIS, France
www.œildusphinx.com
ods@œildusphinx.com

© 2022 LES ÉDITIONS DE L'ŒIL DU SPHINX

Collection : Les Cahiers d'Irem n° 9
ISSN de la collection : 1627-6809
ISBN : 978-2-38014-050-7
EAN : 9782380140507
Dépôt Légal : mai 2022
Illustration de couverture de Rosa Toux-Lasri
La mise en page est de André Savéant

MYRIAM PHILIBERT

ESPRITS ET ÂME DE LA NATURE

LES ÉDITIONS DE L'ŒIL DU SPHINX
36-42 rue de la Villette
75019 PARIS, France
www.œildusphinx.com
ods@œildusphinx.com

SOMMAIRE

INTRODUCTION

Été 2020. Un petit matin, dans la brume qui danse au-dessus de la terre rouge du Razès et annonce une splendide journée pour un tournage.

Ce matin-là, nous avons rendez-vous avec Madame Myriam Philibert, archéologue, docteur en préhistoire et auteure d'une douzaine d'ouvrages sur la symbolique et les origines des civilisations anciennes.

De Rennes-les-Bains, une adorable petite station thermale de l'Aude, encore endormie, nous prenons la direction d'Arques. Les premiers rayons du soleil caressent déjà les deux donjons du petit château d'Arques et réchauffent le troupeau de chevaux qui, derrière le château, galopent joyeusement dans le champ.

Une petite route de campagne nous invite à pénétrer dans les bois. Tout est y vivant ! Quel enchantement ! Amour et Beauté ! Les nombreux oiseaux piaulent déjà l'hymne du matin ; la lumière perce les feuillages et nous offre un somptueux décor pour tourner ce film intitulé : « Les déesses mères, les mystères féminins ».

Dans sa jolie jupe longue jaune à volants, Myriam avance confiante d'un pas léger sur le chemin. Nous nous laissons inspirer par ce moment de grâce et commençons à tourner les premières images.

Les bois d'Arques nous révèlent un monolithe d'un autre âge. Myriam s'adosse contre lui et, comme habitée par sa force, s'assoit dans l'herbe. Nous sommes prêtes et attentives à ce qui se présente dans l'instant. Comme un livre ouvert, avec une fluidité déconcertante, Myriam nous fait revivre le Temps des Déesses.

« *Maîtresse des fauves, des oiseaux et des serpents, elle avait fière allure. Terre, Mère, Lune, Eau conjuguaient leurs talents, et s'instaurèrent des Mystères de la fécondité agraire, de la féminité sacrée, de la mort-renaissance du candidat qui consacre son existence à la Divinité première. Isis, longiligne et belle, canalisait toutes ces initiations qui se déroulaient dans les profondeurs secrètes et enténébrées des temples où le néophyte recevait la Révélation...* » La caméra et le micro enregistrent fidèlement.

Voici quelques impressions de cette belle rencontre avec Myriam Philibert, une dame aux mille connaissances, une écrivaine talentueuse qui sait si bien parler de Dame Nature. Je suis heureuse de vous offrir ces quelques lignes en introduction de votre prochain livre « Esprits et Âme de la Nature » qui paraît aux éditions de l'Œil du Sphinx, que je connais très bien et apprécie beaucoup.

Bonne Lecture !

Malgorzata Debowska

PROLOGUE

*Tu trouveras quelque chose de plus dans les bois
que dans les livres.
Les arbres et les rochers t'enseigneront
ce que tu ne peux apprendre d'aucun maître.*
Saint Bernard

Établir le contact avec la Nature. Par où commencer ? Est-elle peuplée d'êtres fantastiques ou est-ce la perception erronée d'une imagination fertile, bercée par une fallacieuse verve ou les contes de vieilles femmes ? Tout bruit vibre sous la canopée. D'invisibles présences se dissimulent, tout en cherchant à retenir l'attention de celui qui y est sensible. Des sensations énergétiques parcourent l'épiderme. On se sent presque tremblant devant tant de beauté, de grandeur, de profondeur. Partout s'insinue une sacralité qui atteint la démesure. Qui saurait décrire la forêt ? Terrifiante ? Protectrice ? Dévoreuse et maléfique. Amène pour le Petit Poucet, car il en connaît les dangers et sait (peut-être) l'apprivoiser. Refuge tentaculaire pour l'être humain, exilé de l'obscure caverne qui lui servait d'abri, par le réchauffement postglaciaire.

Vierge était alors la forêt. Obscure, impénétrable. Innommable dans sa divine majesté.

Qui la peuplait alors ? Des quadrupèdes, qui jouaient à cache-cache dans les fourrés, des serpents sournois, tapis dans d'obscures cachettes, et des oiseaux voletant et piaillant. L'homme voyait des sangliers monstrueux, des cerfs prodigieux, évoluant entre ombre et luminescence lunaire, des dragons terrifiants crachant le feu, des aigles fantastiques emportant leur proie débile, jusques aux cieux. Et les déités !

Yggdrasil s'impose. Est-il roi ? Est-il premier ? Est-il axial ou central ? Il incarne l'Arbre, son âme, ses esprits, la forêt et pourquoi pas la Nature, dont il demeure l'emblème, au sein de Gaïa. Unique, il ne connaît pas le conflit avec les siens ou avec ceux d'autres essences. Ailleurs, nous avons vanté ses mérites. Il offre un lien avec les trois mondes et avec les eaux qui les imprègnent : le puits de sagesse qui s'enfonce dans les abysses ; la fontaine d'Urd qui s'écoule au sommet de ses frondaisons, ou encore la rosée nommée « pluie de miel », et avec trois vierges qui le bichonnent avec amour. Certes, voici un mythe, mais les Scandinaves, tout comme tant d'autres Indo-européens, ont foi non seulement en celui qui leur donne symboliquement la vie, mais en les entités divines qui le hantent et l'animent.

Pins et bouleaux ne sont-ils pas les survivants du cataclysme que fût la dernière et abominable glaciation ? Les uns ont développé des espèces résistantes. Les autres ont choisi d'être nains pour braver des vents d'une fureur colossale. Sans leur volonté de survie, que seraient les hommes devenus ? Des esprits les ont aidés peut-être ou l'Âme de la nature ? Des esprits multiples, chaleureux, farceurs, tapageurs, malicieux ou si discrets que l'on croit qu'un souffle effleure la joue.

Cela fait des années, vingt ans peut-être, que nous œuvrons en forêt, pour et avec la forêt et toutes les entités qui la peuplent. Elle nous le rend bien. Voici le fruit de nos expérimentations et de nos cogitations, au fil des ans et des saisons. Chaque année, les cigales n'ont pas la même vaillance fervente. Cependant, l'immortalité est la clef — elles et leurs âmes en sont le vivant symbole, au même titre que les arbres. Ne se régénèrent-ils pas ? Ne sont-ils pas immortels ? Quant à l'Âme de la nature, saurons-nous la suggérer ? Éternelle et multiforme selon les lieux, elle sait s'adapter.

En effet, rien ne meurt, tout existe toujours, nulle force ne peut anéantir ce qui fût une fois. Toute action, toute parole, toute forme, toute pensée tombée dans l'océan des choses y produit des cercles qui vont s'élargissant, jusqu'aux confins de l'éternité.

Théophile Gautier, *Arria Marcella, souvenir de Pompéi*

Vagabondons dans un espace-temps aux frontières du réel ; ne cherchons ni logique ni raison dans les pages qui suivent. Laissons-nous guider par l'inspiration vers les interfaces qui s'ouvrent à nous. Sachons trouver le bon gros géant, la fée capricieuse, le génie du lieu caché dans les frondaisons, les Élémentaux quasi diaboliques, et mille autres esprits truculents. L'arbre, la forêt, la nature et Gaïa se dévoilent à nous, masquant cependant l'Âme du monde. Énigmatique, peut-elle s'inscrire dans une quelconque définition ?

L'ARBRE CACHE-T-IL
VRAIMENT LA FORÊT ?

La Grande Bastide, perdue sur un coteau dénudé au bout d'un chemin de terre. Dans le creux de la vallée, où passent à grand fracas les voitures des gens pressés, deux arbres veillent. Plantés de part et d'autre d'un sentier envahi par une végétation luxuriante, ils font office de sentinelles ou d'interfaces entre les mondes. Croisée des chemins où aucune sorcière n'apporte plus de poule noire à sacrifier à l'esprit malin. Les chênes blancs, à eux deux, doivent avoisiner le millénaire. Porte muette que, seul, le myste est habilité à franchir. Aura-t-il le cran de trahir le secret et de dévoiler ce qui se trame de l'autre côté de cette insondable et infranchissable barrière ?

Peut-être conviendrait-il d'entamer ici un plaidoyer en faveur du respect de la forêt. L'arbre ne se limite pas à un tronc, des branches, du feuillage, éventuellement des fleurs et des fruits, voire des racines envahissantes. Il ne se limite pas non plus au bois dont on fait son lit, la charpente de Notre-Dame-de-Paris ou celui que l'on brûle dans sa cheminée. Il ne se limite pas à son aspect externe. Des imbéciles heureux jettent quelque mégot par la fenêtre de leur voiture en passant et tout s'embrase…

Irrémédiablement. On déplore les victimes humaines. Mais déplore-t-on les « victimes » — arbres ? Non ! Ce n'est pas dans la mentalité de l'homme, suffisant, imbu de sa position au sommet de la hiérarchie des espèces vivantes sur la planète Terre. Il oublie que les arbres, la forêt constituent un Esprit vivant, une puissance fidèle, attachée à la terre, au service de sa Mère. Il oublie surtout que sans la forêt, il n'y a plus de vie pour les espèces animales, dont il fait partie. Pour sa part, l'homme a perdu la conscience d'appartenir à un Esprit. A-t-il seulement une âme personnelle ? Égoïstement, il est en vacances et tout est permis ! Dans le monde arboré, il y a, certes, des dissensions, une lutte incessante pour la survie individuelle ; pourtant, aucun arbre n'est séparé des autres et tous communiquent par les racines et les frondaisons. Même si l'on n'a que mépris pour leur conscience « embryonnaire », elle leur permet d'avoir le sentiment de l'unité. L'arbre conserve, en dépit des vicissitudes que l'être humain lui fait subir, ce fondement.

L'homme, lui, à quelques exceptions près, a totalement perdu le lien qui l'unit à ce qui l'entoure. Le mot « unité » n'a aucun sens. Peut-être serait-il temps de regarder plus loin que son nombril et peut-être de s'initier aux messages que nous laissent les arbres, ou le peuple invisible qui l'habite ?

FORÊT MAGIQUE

Survient parfois l'irruption incontrôlée, irrationnelle, du monde des fées, l'ouverture à une réalité autre. Les émotions et sensations submergent. La réalité s'altère et deux dimensions cohabitent en toute intimité et s'interpénètrent, dans un flou évanescent. Saluons l'arbre maître qui veille au bord du chemin, puisant à quelque source son destin. Une part de la forêt s'enfonce peu à peu dans la torpeur que génèrent le froid et la chiche clarté diurne. Tout est donné, en vrac et sans solution de continuité, les grands êtres qui dominent tout, géants d'un autre âge, fantomatiques, presque esseulés dans leur domination, le petit peuple, en rangs serrés, attendant quelque révélation ou déclaration, d'autres encore, mi-arbres, mi-entités, moroses, car trop peu d'humains viennent les voir et parler avec eux — ils aimeraient être sollicités. Une voie s'ouvre, une porte se referme et l'on est piégé dans une lumière dorée, luttant avec les grises ombres. On ignore ce qui se dissimule dans les fourrés qui ne sont plus que miroitement de modelés. Un oiseau gris se montre et appelle on ne sait qui. L'écran des arbres se resserre, mouvant et toujours renouvelé, fenêtre sur une autre existence qui n'est pas à tous révélée. Les formes se fondent les unes dans les autres. L'espace et le temps, peu à peu, s'estompent. Accueillants pourtant, les pins recherchent l'étreinte. Ne sont-ils pas solaires jusqu'au bout de l'hiver et prêts à donner leur lumineuse chaleur, pour peu que l'on vienne bavarder avec eux en les conviant par leur nom. Si l'on s'approche jusque dans leur aura, on finit par se dissoudre et se voir en arbre, dans une unité totale. Immobilité infinie. Les racines prennent corps et s'enfoncent en quête du bourdonnement des radicelles et des commérages des autres hôtes de la nature. Tronc droit dans la verticalité éternelle. Et seulement quelque vague rumeur dans les sommets, quelque ténu frisson dans les touffes d'aiguilles, quelque inspiration cosmique profonde. Un bruissement venu d'un autre âge…

Silence ! Les grands êtres lumineux se dissimulent derrière des troncs d'arbres, baissant les bras devant la stupidité humaine. Seuls les arbres peuvent encore être les médiateurs entre nous et notre mère Terre que nous ne comprenons plus et dont nous disloquons le patrimoine sans vergogne. Ensuite, l'enfant gâté va pleurer d'avoir cassé son jouet.

CLAIRIÈRE ET BOIS SACRÉ

Tous les peuples indo-européens anciens se livraient à des cérémonies occultes en forêt. Nous est restée la part de mystère. César le relate, à propos des Carnutes. Bois sacré, clairière, bosquet, *nemeton*, quel terme doit-on privilégier ? Les Latins ont leur bois sacré (*nemus* signifie « bois ») et les Celtes, le *nemeton*. Or, ce mot désigne l'enclos sacré. *Nemos* offre un lien avec le ciel, et *eto*, avec la prairie, l'herbage, et l'on aboutit à « l'emplacement dédié au ciel ». Dans cette acception, le lieu de réunion et de culte le plus usuel et le plus dépouillé est un cercle sacré, avec fossé, talus et/ou palissade. La clairière s'impose et non la forêt, dont l'ombrage s'environne d'obscurité. Quant à savoir aujourd'hui où les Carnutes et les divers collèges druidiques se réunissaient, jadis, il faut avouer son ignorance.

Mentionnons l'exemple d'un bloc, trouvé à Vaison-la-Romaine, qui livre l'inscription suivante :

Segomaros
ouilloneos
tooutious
namausatis
eiôrou bèlè-
sami sosin
nemèton.

Ce qui signifie : « Segomaros, fils de Villu, citoyen de Nîmes, a offert à Belesama cet enclos sacré ».

Oublions la forêt sacrée, même si Merlin s'y perd, même si César la détruit à coups de cognée tout en fantasmant à son propos. Certes, même si elle s'avère rétive, impénétrable et sauvage, celui qui s'aventure en son sein est chargé d'une mission — cueillir des simples ou pourquoi pas le gui, fameux comme médecine universelle. Certes, sa ténébreuse grandeur repousse le malotru et force le respect. Certes, les entités qui l'habitent, souveraines, savent chasser impudent et imprudent, à moins qu'elles ne les emberlificotent dans quelque lieu camouflé, dans quelque inextricable fourré, dont ils auront toutes les peines à s'extirper. Certes, la forêt s'est substituée à la grotte des premiers hommes, et l'ère postglaciaire a vu la montée des divinités solaires et stellaires.

Les peuples civilisés vouent des cultes aux divinités dans des endroits appropriés. L'enclos se dévoile comme l'idéale séparation entre profane (laissé à l'extérieur) et consacré, à l'intérieur. Une première protection, circulaire, s'apparentait à quelque cercle magique. Cette forme est restée celle des tertres funéraires. Le modèle circulaire a abouti à la triple enceinte, sommet de l'art. Puis, avec les Celtes, le modèle quadrangulaire a fini par s'imposer. Constituée d'un fossé, d'un talus et d'une palissade, cette ceinture sanctifiait un espace qui recelait des puits à offrandes, des bûchers pour brûler les offrandes. L'union du feu et de l'eau y était consommée en hommage à l'hiérogamie des divinités. Un édicule va s'élever au cœur du site. Il finira par devenir « temple » à part entière… Comme tout est en bois au début, sauf dans les régions méditerranéennes, l'impression sylvestre reste prépondérante et le lien avec la forêt tutélaire n'est pas rompu.

Pourtant un jour, le mythe de la forêt sacrée sera relégué aux oubliettes. On aura oublié les entités énigmatiques qui la peuplent.

Bien entendu, le bosquet sacré est une réalité, mais d'un autre ordre, pour tous les peuples originaires de régions boisées, les Grecs, les Italiotes ou les Celtes. Parmi les propriétés de tout temple, il y a toujours une forêt, plus ou moins vaste et plus ou moins sauvage. Ainsi, Lucain décrit un bosquet sacré, plutôt effrayant, près de Marseille et que l'on a cru devoir rapporter à la forêt centenaire de la Sainte-Baume.

C'était un bois sacré, inviolé depuis des siècles ; des rameaux entrelacés enveloppaient l'air ténébreux et les froides ombres de ces profondeurs sans soleil. Les Pans agrestes, les Sylvains rois des forêts, les Nymphes, n'habitaient pas ce lieu. Il était consacré à des dieux et à des rites barbares. Des autels s'y élevaient pour d'effroyables holocaustes ; chaque arbre avait été lavé de sang humain.

Lucain, *La Pharsale*

Il semblerait que l'auteur, celtibère, ait été enthousiasmé par les sanglantes horreurs des luttes intertribales, où le sang coulait à flots et où l'on coupait les têtes pour les offrir aux divinités de l'Autre monde. Hélas, la réputation était faite. Cependant, les Celtes barbares ne faisaient ni pire, ni mieux que les Romains civilisés, à l'encontre de leurs ennemis. Et l'image de la forêt, jadis protectrice et tutélaire, s'en retrouvait ternie, vouée aux propitiations maléfiques.

Enfin, les fouilles de *fanum* gallo-romain indiquent que leurs substructions sont, dans la plupart des cas, antérieures à la conquête romaine. Depuis quelques années, les recherches archéologiques ont révélé les vestiges de plusieurs sanctuaires de l'âge du fer. À cette époque, beaucoup d'enceintes sacrées sont quadrangulaires, bien que certaines demeurent circulaires. Parmi ces dernières, il convient de citer Navan Fort.

Navan Fort se situe dans le nord de l'Irlande. Voici une colline ceinturée d'une enceinte. Il s'agit d'un important site religieux, à proximité de la capitale légendaire de l'Ulster, Emain Macha, fondée par la reine déesse Macha elle-même. L'ancienneté du site remonte à la tradition mégalithique. Depuis lors, il n'a cessé d'être occupé.

Il comporte plusieurs aménagements : un lac sacré creusé à l'âge du bronze final et ayant servi au sacrifice d'animaux, et des enceintes. Celle dite de Navan Fort comprend un talus et un fossé intérieur ; elle occupe une superficie de 4 hectares. En son sein, s'élève un tertre et sur celui-ci, un édifice circulaire entouré par un ensemble talus et fossé — à l'image de la triple enceinte. Il a été reconstruit à diverses reprises, entre l'âge du bronze final et 100 avant notre ère. Le dernier bâtiment se composait de deux cent soixante-quinze poteaux autour d'un mât central. Il a délibérément été détruit par le feu, d'où l'aura de mystère qui entoure le lieu.

Les fouilles permettent de se faire une idée des sanctuaires celtiques qui deviennent de plus en plus complexes au fil du temps. À l'intérieur de l'enceinte, trois (ou quatre) éléments distincts ont une valeur symbolique exemplaire :

— Le temple lui-même qui peut avoir des dimensions réduites. Des portiques l'entourent souvent. Là sont parfois accrochées les têtes des ennemis vaincus.

— Les autels aux puissances supérieures. On y verse le sang des victimes animales et humaines, immolées.

— Les puits, les fosses ou les fossés sacrificiels, en liaison avec le monde d'En-bas. Ils reçoivent les dépouilles charnelles des suppliciés, et une profusion d'offrandes diverses.

— Les stèles. Elles demeurent aujourd'hui isolées et souvent loin de leur emplacement originel.

Autre exemple de sanctuaire, d'époque celtique, Burkovak (en République tchèque) se caractérise par une aire de 20 m², couverte de milliers de petits objets destinés à être suspendus : disques, rouelles, anneaux, perles, plaquettes perforées, figurations de feuilles, triscèles. Ces objets devaient être placés dans un arbre, en un lieu considéré comme saint.

ARBRE

Nous n'observons jamais profondément la qualité d'un arbre ;
Nous ne le touchons jamais pour sentir sa solidité, la rugosité de son écorce,
pour écouter le bruit qui lui est propre.
Non pas le bruit du vent dans les feuilles, ni la brise du matin qui les fait
bruisser,
mais un son propre, le son du tronc, et le son silencieux des racines.
Il faut être extrêmement sensible pour entendre ce son.
Ce n'est pas le bruit du monde, du bavardage de la pensée,
ni celui des querelles humaines et des guerres,
mais le son propre de l'univers.

Krishnamurti

Parlerons-nous simplement de l'arbre ? Des livres entiers pourraient alimenter le sujet, sans faire le tour de la question. *Liber* (mot masculin) signifie, en latin, à la fois écorce et livre. *Libra* (mot féminin) offre le même sens. Ce n'est pas pour autant que nous pénétrons l'âme, voire la racine de l'arbre. Il faut chercher ailleurs des fibres pour ourdir notre exposé. L'arbre peut-il être défini ? Des racines, un tronc, des branches supportant un feuillage. Nous nous bornons, ici, à le décrire comme axe du monde, sortant des sombres profondeurs d'une mère nourricière pour se lancer à l'assaut du ciel et quérir la lumière de la vie, voire se hisser jusqu'au domaine des dieux.

L'arbre à feuille caduque s'inscrit dans la loi des cycles, alors que celui qui a des feuilles persistantes engage l'éternité. Roi des forêts depuis quelques millénaires, le chêne souscrit parfaitement à ce concept. Ses multiples variétés proposent une chevelure qui chute et repousse (chêne blanc) ou un arbre (le chêne vert) paré d'une perpétuelle verdeur. Ainsi naît la croyance en l'immortalité physique de l'espèce. L'arbre croît indéfiniment sans vieillir. Son tronc s'élargit et durcit ; ses racines s'enfoncent dans l'intimité d'un inframonde où tout s'enchevêtre pour des liens plus forts. Ses branches et ses feuilles poussent, se renouvellent d'année en année à la faveur du printemps.

Il y a bien, cependant, des accidents, des maladies, des impondérables ou la sauvage coupe d'humains, qui ont besoin de ponts, de charpentes ou de lits. L'arbre, alors, connaît le destin d'être séparé de son entourage et de subir la loi du recyclage. Ce n'est pas de gaieté de cœur qu'il se soumet, mais son immobilité en fait une proie facile pour le prédateur. S'il se plaint d'être maltraité, qui l'entend ? Résigné, il finit par se soumettre.

L'arbre, qui n'est pas affecté par la symétrie bipolaire comme les animaux et les hommes, se dresse et peut symboliser l'unicité. Cette propriété fait de lui un axe cosmique. En réalité, émané d'en haut, il s'enfonce en terre, ce qui engage l'arbre renversé présent dans certaines traditions, ce qui interpelle. Telle une plante, l'homme, inversement, se redresse à la conquête des cieux. Peut-il parvenir à des hauteurs sidérales ?

Selon l'approche tantrique, un arbre est d'abord la forme sensible que nous voyons. Puis d'une manière plus subtile, il paraît comme énergie vibratoire. Enfin se trouve la déité, le *deva* ou la *devi* de l'arbre. Moralité, il ne faut pas croire qu'il n'y a que les poètes et les fous qui parlent avec les arbres. Jadis, si l'on en croit les Celtes et leur mythologie, les druides et les enchanteurs pouvaient manœuvrer arbres et forêt. *Le Combat des arbres* apporte, ici, son témoignage. D'aucuns riront de ces fadaises.

Proposons une balade en forêt : « Si tu cherches une oreille attentive, Va dans les bois et parle aux arbres. » Aujourd'hui, nous allons pratiquer la marche de paix.

Thich Nhat Hanh dit : « *La terre est marquée de notre anxiété et de notre douleur. Il nous faut marcher de façon à seulement la marquer de paix et de sérénité. Nous en sommes tous capables, il suffit de le souhaiter ardemment.* »

Aujourd'hui, nous allons à la rencontre du hêtre ou du chêne. Comment aborder l'arbre ? Il convient de lui dire bonjour. Il ne vous répondra pas, mais la *devi* (ou fée) qui l'habite sera honorée. Dans la vie de la forêt, tout est enchevêtré, entremêlé et la seule loi qui prime est celle de la jungle. Chacun tient à se frayer la meilleure place au soleil. Pourtant des faits étranges tempèrent cette assertion. Il nous a été donné de voir deux jeunes chênes poussant l'un autour de l'autre en une spire partant juste au-dessus des racines pour courir jusqu'au feuillage. D'autres finissent par fusionner en un seul tronc géminé.

Je saluai cet arbre qui me rendit une salutation plus excellente encore.

Ibn Arabi, *Le Livre de l'Arbre et des quatre Oiseaux*

Saluons donc l'arbre de notre choix, celui qui se dresse seul, solide, fier, fort. Il est entouré d'auras successives, tout comme n'importe quel être vivant, et on les franchit après avoir demandé l'autorisation. Ne négligeons jamais la puissance vibratoire de l'arbre. Les Japonais proposent d'étranges thérapies où il faut sauter au cou de l'arbre et l'embrasser. Il n'apprécie guère, en fait, ces privautés. L'approcher et l'effleurer suffisent comme contact. Pourquoi se chargerait-il de nos peines, de nos tracas, de nos souffrances, aux dépens de sa propre intégrité ? Certains, pourtant, ont fonction de guérisseurs. Évitons de les violenter. Ils n'ont d'autre défense que la puissance magnétique qu'ils dégagent. Sur le plan vibratoire, les énergies diffèrent selon que l'on se situe à l'est, au sud, à l'ouest ou au nord, comme pour les menhirs d'ailleurs. Tout arbre est entouré d'auras successives, tout comme n'importe quel être vivant. Sachons en tirer parti avec modération et respect. Et toujours remercier du don de cette inestimable et irremplaçable présence.

Arbres
grands bras
où terre et ciel s'enlacent
Votre patience d'écorce
console
l'écorché vif.

François Roux, *Appel aux arbres*

L'ARBRE PREMIER

Apporte-moi des abricots…
Apporte-moi des pommes…
Apporte-moi des grappes juteuses…

Enki et Ninurshag

Ce sont les premiers fruits mentionnés dans les textes, bien avant la Bible. Nous sommes au temps des dieux et des déesses. Le dieu Enki demande au Jardinier de les cueillir pour lui, car il compte les offrir à son arrière-petite-fille Uttu pour la séduire. Mais son épouse Ninurshag veille et avec le sperme du dieu fait naître huit plantes nouvelles (dont les noms s'avèrent impossibles à raccorder à des espèces actuelles). Enki tient à toutes les goûter et Ninurshag le maudit. Tout son corps lui fait mal. Prise de remords et de pitié, la Déesse suscite alors six divinités féminines et une masculine pour calmer ses douleurs. Avouons que tout n'est plus totalement idyllique entre le premier couple, au Paradis.

L'arbre fruitier précède les plantes. Toute espèce arborée a nécessairement trois valeurs — arbre de vie et les arbres portant des fruits sont bien indiqués ; arbre de connaissance et alors se pose la question à propos du fruit qui la confère ; axe du monde enfin et cette fonction s'avère primordiale et première. Comment l'homme rejoindrait-il les cieux sans l'arbre cosmique ? Le poteau du chaman parle de l'univers gelé des hommes de la préhistoire ancienne. Désormais, le climat a changé, le mode de vie aussi, et le fruit savoureux prévaut dans un paradis situé à portée de main, sur une terre qui produit largement pour nourrir hommes et bêtes.

De tous les arbres portant des fruits, lequel va être l'arbre de vie ? Selon les lieux et les époques, diverses vérités ont prévalu. Il paraît certain que les espèces poussant dans le Croissant fertile ont eu la primauté. Puis se greffe une histoire de pommier. Est-il vraiment l'arbre cité dans la Bible ? Rien n'est moins certain. Aujourd'hui, la pomme se révèle comme un fruit à la mode, les Celtes ont contribué à cette vogue en leur temps.

Jiroft (Iran) nous livre probablement l'une des plus archaïques visions du Paradis, avec le palmier dattier comme arbre de vie. Il y aurait tant à dire sur ce site et sur ses vases en pierre, où l'on découvre les lions et les boucs paissant en toute innocence dans le jardin, où s'épanouissent des palmiers dattiers et des bouquets d'arbres indéfinis. Un bestiaire où les espèces dangereuses, le scorpion, le serpent, l'aigle, côtoient les boucs et les gazelles, sous le regard d'un couple — divin ou humain ? —, qui tient en main l'arc-en-ciel et contemple le soleil et la lune réunis. Des vases tronconiques ou des coupes à pied, rehaussées de pierres précieuses, font s'affronter les ours, les léopards ou les serpents pour la garde de l'arbre de vie. Ce couple est-il à l'image de celui qui devrait parrainer l'ère du Verseau ?

— Le palmier :

Omniprésent dès qu'il y a un point d'eau, le palmier s'impose en arbre roi des pays du Proche-Orient. Les artefacts de Jiroft le magnifient. Il pousse en bouquet pour donner une impression de vitalité débordante. Le palmier phénix symbolise l'immortalité. Dans les églises d'Orient, il devient une figuration de l'arbre de vie. Les Égyptiens ont pris modèle sur son tronc pour développer une architecture de colonnades et le temple s'apparente à une palmeraie de pierres et à une image de l'Éden. Quant à la palme, elle devient un ornement architectural. Dans le christianisme enfin, elle reçoit une valorisation particulière, en tant que rameau pour la fête de ce nom.

L'Égypte a un petit faible pour le palmier dattier, l'un des arbres sacrés avec l'acacia, bien que ce dernier ait valeur de connaissance. Thot le scribe du temps y fait inscrire les verdicts de la destinée. Pour sa part, la datte devient un bien inestimable. La Bible fait du palmier le symbole du « juste ». En Grèce, cet arbre était consacré à Artémis.

— L'amandier :

L'amandier pourrait-il revendiquer cette première place ? Il symbolise le printemps, car il fleurit en premier, mais également la fragilité. Ses fleurs sont sensibles au gel. Il s'octroie une grande importance chez les Hébreux, qui célèbrent une fête à la pleine lune de février. Depuis le pied d'un amandier, on peut atteindre la cité souterraine de Luz, séjour d'immortalité. C'est également le nom primitif de la ville près de laquelle Jacob eut sa vision et qu'il nomma ensuite Beith-el ou la Maison de Dieu.

L'amande correspond au symbole de l'essentiel caché, de la spiritualité voilée par les pratiques ou les doctrines, de la réalité masquée. Ses significations sont : vérité, trésor, source ou encore secret. Sur un plan décoratif, l'amande ou mandorle devient commune dans l'art roman. Elle entoure le Christ ou la Vierge, signifiant le mystère de la lumière, c'est-à-dire l'émanation de la lumière et le voile de la vision. Elle renvoie également à l'arc-en-ciel. Dans l'ésotérisme médiéval, l'amande a rapport avec la virginité de la Vierge (*vesica pisces*). En hébreu, l'amande se dit *Luz* — nom d'une ville souterraine et du noyau indestructible de l'être contenant tous les éléments nécessaires à sa restauration et à sa renaissance. L'amandier symbolise alors une vie nouvelle. Il a valeur de premier arbre fleurissant au printemps et ses fleurs roses apparaissent avant les feuilles. Découvrir ou manger l'amande signifie recueillir un secret.

Si l'amande est un symbole féminin, l'amandier, lui, est un symbole masculin. La légende grecque le confirme. L'amandier remonterait à Zeus qui, jadis, donna la vie à un être hermaphrodite, nommé Agdistis, en perdant sa semence sur la terre. En Anatolie, l'amandier offre un lien avec le culte du dieu Attis, né d'une vierge qui aurait été fécondée en mangeant une amande.

— Le pin :

Initialement consacré à Hestia, le pin, arbre de l'ère du Verseau, se dévoile comme un parfait symbole d'immortalité. Son feuillage n'est-il pas persistant ? Son aura sacrée remonte au paléolithique. Les pommes de pin servaient de modèles aux artistes qui ornementaient la tête de la déesse, dans les régions d'Europe orientale et de Sibérie. Autre trait significatif, les ramures de pin (ou les bois de cerfs) stylisées sur les parois parlent d'énergie masculine, puis deviennent le signe d'élection de celui qui a réussi à transcender la mort. Le tronc élancé s'apparente alors au poteau du chaman qui cherche à passer dans un autre plan de réalité. Quant à la résine dorée, elle s'écoule pour alimenter la torche ou le feu de la vie. Pour les populations néolithiques, mélangée au vin, elle confère l'immortalité et entre dans la liste des breuvages des dieux. Les pignons sont la nourriture des Immortels en Chine, mais les peuples méditerranéens ne dédaignent pas cet emblème incontestable de force vitale.

En Anatolie, le pin est dédié à la grande déesse Cybèle et à Attis, son jeune parèdre. L'enfant se voit découvert, alors qu'il gît, abandonné dans les roseaux par celle-ci, qui le prend en affection. Son désir de possession s'accroît si bien qu'elle se refuse à le voir se marier. Fou de douleur, Attis se mutile et son âme s'enferme dans l'arbre, d'elle-même. Les mystères d'Attis et Cybèle donnaient lieu à Rome, à une semaine de festivités au moment de l'équinoxe de printemps.

En Grèce, la pomme de pin orne le thyrse consacré à Dionysos. Elle a, ici, une valeur phallique. Mais d'autres aspects entrent en compte, transcendent le côté funéraire, pour parler de renouveau de la vie végétale et de résurrection du dieu de la vie végétative.

— *La vigne* :

Pour sa part, la vigne, arbre royal, voire divin, a le sens d'arbre de vie, au même titre que le figuier ou l'olivier, dans les civilisations traditionnelles. Figuier et vigne accompagnent d'ailleurs la grande Déesse dans l'iconographie orientale ou Dionysos en Grèce. *La Mère du Vin* existe bien avant l'islam.

> *Il faut sacrifier la mère du Vin*
> *et jeter l'enfant en prison. (…)*
> *Tu ne vois pas l'or qu'on épure au feu*
> *se tourmenter ni bouillonner si fort.*

Roudaki, *La Mère du vin*

Certes, il s'agit là d'alchimie et/ou de mystique ! Pour les Hébreux, cet arbre a un caractère sacré et apparaît comme un bien précieux. Ultérieurement, la vigne désignera le Messie. Voici un arbre cosmique enveloppant les cieux. Ici, les grains de raisin deviennent des étoiles. Chez les Sumériens, la feuille de vigne est un signe idéographique qui veut dire « vie ». La vigne vaut pour son fruit, qui donne une boisson de vie ou permet d'entrer en transe.

En Grèce, le raisin reçoit une valorisation extrême, car il ne fait qu'un avec Dionysos, le dieu de l'ivresse et de l'extase. Son breuvage, sans s'apparenter expressément avec le nectar des dieux que sert Ganymède, a quelque valeur sacrée pour ne pas dire transcendante. Ajoutons que celui-là préfigure le Christ, également associé à la vigne.

— L'olivier :

Que dire de l'olivier, arbre roi des pays de la Méditerranée ? Il entre dans le mythe avec la querelle d'Athéna et Poséidon à propos de la fondation de la ville d'Athènes et du plus utile cadeau que chacun pourrait faire à ses habitants. Poséidon leur donne une source d'eau salée et la déesse leur fait le présent d'un arbre dont les fruits sont comestibles soigneusement apprêtés et susceptibles de leur procurer de l'huile. Il fut donc vénéré par les Athéniens, ainsi que la bienfaitrice, mais également à Rome où il a été consacré à Jupiter et à Minerve. Pour les Juifs et les Chrétiens, il a valeur de signe de paix. L'islam en fait, en dépit de son tronc torturé, un axe du monde.

— Le figuier :

Le figuier pourrait-il se hisser au rang d'arbre de vie ? Sacré, il reste symbole d'abondance. Desséché, il se charge de valeurs négatives. Il se montre en association avec la Déesse dans les pays mésopotamiens. En Égypte, il a un caractère initiatique. Quant au fruit du figuier-sycomore, il pousse dans l'au-delà, et évoque une abondance mirifique et une saveur paradisiaque. En Orient, il a rapport avec la science religieuse, ou offre le sens d'arbre du monde, selon les *Upanishad*. Au pied d'un figuier-banian, le Bouddha connut l'illumination. La sève blanche qui suinte de l'attache de ses fruits devient le *rasa*, l'énergie subtile de l'eau, chez les Dravidiens. Ainsi apparaît le sens d'immortalité. Il arrive que son culte soit associé à celui du serpent.

Chez les Grecs, l'arbre évoque l'initiation aux rites de fécondité et les mystères. Sa culture nécessite une fécondation à partir d'une fleur de figuier sauvage mâle (dit « figuier-bouc »). Cette opération religieuse était relayée par un mythe, où la déesse mère, ici Déméter, s'unissait à Zeus. Le figuier était également consacré au dieu Dionysos.

— Le pommier :

En Grèce, le pommier et surtout son fruit, ainsi que la grenade (autre fruit de Dionysos), étaient dédiés à Perséphone, la fille de Déméter. Celle-ci avait l'épi de blé ou plutôt d'orge pour emblème. Dans ce pays, le pommier demeure avant tout l'arbre de la discorde, puisqu'il est lié au jugement de Pâris, forcé et convaincu de donner une pomme à la plus belle des déesses, Héra, Athéna et Aphrodite. Seule la dernière, détentrice d'une ceinture magique, pouvait avoir l'heur de lui plaire — il séduirait la plus belle femme du monde. D'aucuns pensent qu'en vertu de son cœur qui présente une étoile à cinq branches pour peu qu'on le découpe latéralement, le fruit offre une indubitable relation avec la science secrète. Cet arbre a surtout une grande valeur symbolique dans le monde celte. Ce sont eux qui introduisent sa culture en Occident. Il correspond à l'arbre de la magie, de la connaissance, de la révélation. Ses fruits sont merveilleux et ils détrônent la noisette comme propices à conférer la science sacrée. Ne veillent-ils pas dans un paradis (ou une interface) nommé Avalon ?

— L'abricotier :

Reste l'abricotier. Arbre de la passion, du désir charnel, du couple qui s'aime jusqu'à devenir fusionnel. Le fruit invite à rendre heureuse une féminité triomphante. Irrésistible serait le parfum de ses fleurs, que les femmes accortes glissent dans leur jupon. Toutes les jeunes déesses aussi radieuses que voluptueuses de l'antique Mésopotamie ont goûté au fruit doré que l'arbre porte. Astarté ou Vénus les ont imitées. L'abricotier et la déité qui l'accompagne ne sont-ils pas symboles d'un paradis que l'homme ne connaît pas encore ou qu'il n'a jamais quitté ? Pourtant, dans le jardin de Jiroft (Iran), le couple primordial qui vivait en toute harmonie avec les fauves préférait les dattes et l'eau fraîche.

LE KALEVALA

Autre zone géographique, autre approche de la vie végétale sur terre. Immémorial cependant, l'arbre se dresse, chargé de sa puissance colossale, de sa force inépuisable, de sa vitalité éternelle, de son attrait incoercible. Quant au *Kalevala,* voici un texte mythique évoquant la Finlande et l'épopée de ses braves. Deux mondes, en fait, sont en butte : le Kalevala, patrie des héros et Pohja (ou le pays du fond, le nord).

Le 1er runo évoque la naissance du monde. Intervient Wäinämöinen, qui est né vieux, car il a séjourné trente étés et trente hivers dans le ventre de sa mère, la fille de l'Air. Il apparaît en partie comme le chantre du récit, qui débute par la naissance du monde. Il exerce surtout la fonction de magicien. Puis, alors qu'il vient d'aborder dans une île déserte et inféconde, il proclame :

Wäinämöinen dit : qui viendra ensemencer le champ ? Qui le remplira de germes féconds ? Un dieu vient qui répand la graine sur les plaines et les marécages. Il sème les pins sur les collines, les sapins sur les hauteurs, les bruyères sur les grèves ; il remplit les lieux humides de bouleaux, les lieux sablonneux d'aulnes, les terres mouvantes d'osier, les champs arides de genévriers, les bords des rivières de chênes. Le chêne seul ne prend pas racine. Alors quatre vierges s'élancent de l'onde, elles fauchent l'herbe qui est ensuite brûlée et au cœur de cette cendre germe enfin le gland qui produira le chêne.

Leouzon Le Duc, Le Kalevala, 2e runo

Survient un être qui dit :

Je suis un petit héros du peuple de la mer. Je viens pour arracher le chêne. (Ibid.)

Effectivement, il met sa menace à exécution et il renverse le chêne à coups de hache, ce qui permet au soleil et à la lune de briller.

Le vieux Wäinämöinen demeure insatisfait. Plus loin :

Le vieux Wäinäimöinen tire de son sac en peau de martre la quantité de grains suffisante et il dit : Terre, sors de ton repos, gazon du Créateur, éveille-toi. (Ibid.)

Il sème l'orge, mais épargne le bouleau pour que les oiseaux puissent s'y poser et chanter.

Dans le 9ᵉ runo, il est question de la confection d'un baume pour guérir le forgeron blessé. Dans sa composition entrent le miel, diverses plantes, le chêne et le tremble.

Plus loin :

Le vieux Wäinnämöinen se mit à chanter, à exercer sa science. Il chanta et soudain un sapin surgit de terre, un sapin à la couronne fleurie, aux rameaux d'or. (Ibid. 10ᵉ runo)

Sachons que deux auteurs se sont penchés sur cet ouvrage, à des dates différentes, chacun ayant sa propre découpe du texte, ou sa préférence en matière d'essences. Le 10ᵉ verset de Leozun Le Duc correspond au 5ᵉ runo de Perret : *Alors, le vieux Wäinämöinen éleva sa voix pour les enchantements. Soudain un pin à la cime de feu, aux rameaux d'or surgit de la terre. (J-L Perret, Le Kalevala, quinze récits du Kalevala, 5ᵉ runo)*

Il grandit jusqu'au ciel, étendit ses branches dans les airs et déploya au loin son ombre. Wäinämöinen continua ses enchantements :

Et la lune vint se poser sur la cime d'or du pin, et les Otawa se répandirent dans ses rameaux. Alors le vieux Wäinämöinen dit : ô Ilmarinnen, viens voir le pin qui s'est élevé jusqu'au ciel, le pin qui agite sa cime parmi les nuages, étend ses rameaux dans l'air, déroule au loin son ombre. Vois quelles merveilles le couronnent : la nouvelle lune repose sur son faîte d'or, les Otawa se jouent à travers ses branches. (Ibid.)

Et ils allèrent pour voir le pin. *Et le vieux Wäinämöinen dit : Ilmarinnen, mon frère, monte jusqu'à la cime d'or, pour y prendre la lune et les Otawa.* (Ibid.) Ce dernier s'éleva sur l'arbre sublime, et monta jusqu'à la cime d'or.

Dans le 18e runo de Perret, sont évoqués le genévrier, le bouleau, l'arbousier, la fraise. C'est dire combien la présence des arbres s'impose dans une contrée aux confins des zones glaciaires. Claire est la conscience de l'importance des arbres dans la vie quotidienne. De source de vie, ils deviennent cependant envahissants, masquant le ciel et le soleil ou faisant de l'ombre aux cultures humaines. Cependant, le pin du Kalevala conserve une aura prestigieuse, née d'une pousse exceptionnelle et magique, se hissant jusqu'aux limites des cieux, devenant l'axe du monde et probablement le centre d'un pays merveilleux. Appartient-il à la terre des hommes ou à quelque univers parallèle dont on aurait perdu la trace ?

ARBRE ÉTERNEL ET MORT DU ROI

L'âge du minéral se chiffre en millions d'années, celui du végétal peut aller jusqu'au millénaire. En revanche, celui de l'animal peut aller de quelques heures (l'éphémère) à une centaine d'années. L'arbre, lui, est immémorial. Il a l'éternité pour lui, et intervient dans l'élaboration du monde. Le meilleur exemple d'arbre cosmogonique se voit avec Yggdrasil, selon ce qu'en rapporte la mythologie scandinave. Voici un frêne géant qui abrite un aigle, un faucon, des cerfs, un écureuil et un serpent. Il traverse les trois mondes. Seul l'écureuil a le privilège de s'ébattre à sa guise. Le serpent veille sur l'inframonde et les oiseaux s'offrent des perspectives ouraniennes.

Selon une légende hongroise (*l'Arbre dont le sommet touchait le ciel*), l'arbre cosmogonique présente neuf branches et chacune est une forêt. Il s'élève dans la cour du roi. Or, un dragon a ravi sa fille. Princes et manants rivalisent pour aller la rechercher. Tous se pressent selon la hiérarchie et échouent inévitablement. C'est le petit porcher qui y parvient grâce à sa hache qui lui permet de tailler des encoches. Chemin faisant, il rencontre la mère du Vent qui apparaît à une lucarne et lui dit d'aller plus haut auprès de la mère de la Lune, puis de celle du soleil, selon des circonstances analogues. Au sommet, quand il arrive parmi la canopée, il aperçoit des prairies, des forêts, un château et trois chevaux. Nul ne dit comment il réagit face aux merveilles qu'il côtoie, ni comment il vient à bout du monstre. Seuls importent le retour de la princesse et le fastueux mariage.

En Sibérie, il existe des centaines d'arbres de vie, d'arbres des chamans, d'arbres des ancêtres. Tous regroupent des croyances appartenant à des peuples différents. Par ailleurs, celui-ci conserve et entretient la vie et les populations des steppes lui adressent des prières. Il est associé à la montagne du monde ; il a neuf branches et touche le ciel, en tant qu'axe ou pilier. Non seulement il a le rôle de fondateur du monde, mais un autre à jouer dans la naissance de l'humanité. Une femme-arbre aurait nourri, en l'allaitant, le premier homme, affamé, égaré, effaré, selon les Yakoutes. On narre, en Scandinavie, que deux troncs, Ask le frêne et Embla (la vigne, l'aulne ou l'orme ?) sont à l'origine de l'humanité, comme couple primordial. En Grèce, l'homme naît du chêne. De tels mythes sont attestés en Afrique, chez les Aïnus, en Indonésie, en Asie ou en Amérique, en toute universalité.

Cependant, le thème de l'arbre de vie et celui de l'arbre aux oiseaux inaugurent une nouvelle approche et permettent l'ouverture vers une dimension spirituelle. Au départ, se noue un lien avec la fécondité, la grande Déesse, la pérennité de la création, la force de vie. Ainsi, l'arbre de Mai offre le sens de renouveau. Dans le mythe indo-européen, voire chamanique antérieur, l'arbre aux oiseaux s'avère usuel. Il est commun de voir chanter les oiseaux dans les branches au printemps. Sur le plan iconographique, on décèle deux orants ; un ou deux cavaliers ; un colosse domptant deux animaux (Gilgamesh, Hercule) ; l'oiseau associé au serpent, ou la ronde de trois animaux (rapace, herbivore, carnivore), tous dans un environnement arboré. La répartition de ce sujet va de la Finlande à l'ensemble de l'Eurasie. Le colosse et l'arbre du soleil paraissent les canevas les plus archaïques. Puis, on assiste à la genèse graphique de monstres gardiens : le sphinx (lion et aigle), le phénix (coq), la chimère (lion et bouc), le griffon (aigle et lion).

L'arbre est-il l'émanation de la Déesse ? Qui chantera les déesses arborées dont les lignes sveltes ou opulentes se dessinent dans des recoins improbables des forêts, donnant son sens à « l'arbre-fée » ? N'en disons pas plus ! Coquettes, bien que revêtues de bois et de verdure, ces belles aiment à se cacher et entendent être désirées. Ne sont-elles pas l'émanation de la Nature ou mieux de Gaïa, la Mère originelle ? Discrètes, mais curieuses, elles savent se dissimuler aux yeux de l'ignorant pour mieux épier les conversations humaines. C'est ce contact fugace entre deux plans qui nourrit leur vitalité. Un conseil : en forêt, parlez aux arbres. Peut-être, vous passerez pour « fou » auprès de vos congénères, mais la forêt et ses entités vous feront quelque don inopiné.

Je suis l'arbre universel de la totalité et de l'identité. Mes racines sont profondes et mes branches élevées. La main de l'Un m'a planté dans le jardin de l'éternité, aussi suis-je protégé des vicissitudes du Temps. Je suis esprit et corps. Mon fruit est cueilli sans qu'aucune main ne le touche.

Ibn Arabi, Le Livre de l'Arbre et des quatre Oiseaux

Dans ce texte, pur trésor de poésie et d'alchimie spirituelle, l'arbre s'identifie à l'Homme universel. Il constitue le centre pour les oiseaux qui ont trouvé refuge dans ses frondaisons. Ceux-ci, en fait, font partie intégrante de l'Arbre. À la périphérie, le noir corbeau demeure à l'écart, proche à la fois du monde extérieur et de l'intériorité. N'est-il pas la matière primordiale qui doit être transformée ou fécondée ? Plus au cœur, s'ébattent le couple de l'aigle et de la colombe, en quête d'un état fusionnel et de la réalisation de l'androgynie. L'un est l'Intellect premier, alors que l'autre est l'Âme universelle. Quant au phénix, proche de l'axe, il vit dans un éternel présent. Fils du couple, il devient corps universel, ou expression du soi profond. Il évoque la réalisation illuminative.

L'islam dévoile quelque attirance pour les arbres et le Paradis s'enrichit d'espèces diverses, l'olivier, le palmier dattier, le grenadier, l'acacia, le figuier et d'autres encore — un seul ne suffisait pas ! Tous offrent une coloration vert sombre et l'un d'entre eux porte des feuilles. Celles-ci correspondent à un être humain spécifique, allant du bourgeon à l'inéluctable chute de la feuille, lors du décès de l'individu. Nombre de périphrases et d'expressions ampoulées, telles que « arbre béni », « arbre vert », « arbre de l'immortalité », vantent les mérites de l'Arbre dans le Coran. En vérité, il y en a deux : l'arbre Thoubaa, indice de beauté, d'extase, de félicité, et Zaqqoum, au plus profond de l'enfer. Cet arbre maudit produit des fruits, et ceux-ci sont des démons.

— *Roi du bois :*

« *Mon beau sapin roi des forêts...* » N'aurions-nous pas oublié la royauté de l'arbre ? Un roi oui, mais quel roi ? Selon les zones géographiques, divers prétendants s'arrogent le titre, voire se disputent la suprématie. La chanson vante le sapin. Pour les Indo-Européens et leurs descendants directs, le chêne s'octroie le privilège. N'a-t-il pas envahi la forêt ? D'aucuns penchent pour le hêtre, car il a quelque accointance avec les sorciers et le monde de la féérie.

Selon sir James Frazer, dans *Le Rameau d'or* (t 1), le lac de Némi était un lieu de culte réputé consacré à Diane. Celui qui briguait un sacerdoce dans ce sanctuaire de Diane et Verbius, attendait, un glaive à la main au pied d'un arbre sacré, que se présente un adversaire. Le vainqueur du combat avait ce sacerdoce précaire et pour lequel il fallait toujours être sur le qui-vive. Seuls les esclaves ayant brisé un rameau de l'arbre sacré pouvaient prétendre s'attaquer au prêtre en titre, revendiquer cette fonction et devenir « roi du bois » (Rex Nemorensis). Pour origine, le mythe de Verbius fils d'Hippolyte devenu le premier de ses rois. Il s'agirait plus probablement d'Hippolyte lui-même, pris en pitié par Diane qui le ressuscite. Comme elle craint la vindicte de Jupiter, elle cache le jeune homme en forêt sous la sauvegarde de la nymphe Égérie. Une autre hypothèse avance le roi Manius, sorte de croquemitaine qui pourchassait les enfants. Un lien existe entre le hêtre et la déesse de la fécondité, fêtée le 13 août. Enfin, le temple du lac de Nemi abritait une curiosité : deux têtes émergeant du feuillage d'un chêne, l'une jeune et imberbe et l'autre moustachue et plus mûre. Est-ce là le signe d'une royauté alternée, comme la conçoivent les Celtes ? Le roi-prêtre jouissait d'une grande importance au début de l'histoire du Latium.

— *Mort du roi ou de l'homme des bois :*

La mise à mort du roi entre-t-elle dans le thème du duel entre les forces antagonistes ? Ou dans celui du sacrifice ? Citons Attis, Adonis, Osiris, rois de la végétation dont la mort contribue à son renouveau, selon la perpétuelle ronde des cycles. Sir James Frazer, toujours dans *Le rameau d'or* (t. 4), évoque les arbres brûlés lors des festivités printanières ou estivales, dans plusieurs civilisations. Celtes et Germains enflammaient aussi des mannequins, si l'on suit les auteurs de l'antiquité. Des vies humaines ou le sort de familles entières sont liés à des arbres ; souvent l'on plante un arbre à la naissance d'un enfant, et l'une de ses âmes se dissimule dans l'hôte végétal. Par ailleurs, la foudre est en lien avec l'arbre. Les dieux de l'Orage comme Zeus ou Taranis ont le chêne pour attribut.

Si le sacrifice de l'arbre entre dans un cérémoniel saisonnier, il ne faut pas oublier que celui-ci, en dépit d'une longévité extrême, demeure mortel. Certes, sa fin de vie peut durer un siècle, ses vibrations persister alors même que son tronc a été coupé, et ses racines poursuivre une existence ténue, mais forte. Il faut accepter qu'elle soit définitive et que la devi qui l'habite doive changer d'hôte. La mort du roi-arbre ne se lit pas seulement dans les contes de Noël, parfois tristement narrés, comme celui d'Hans Christian Andersen, *Le dernier rêve du vieux chêne*.

Il était une fois… Et ce n'est pas ce récit, mais une histoire tragique et véridique. Il était une fois un chêne vert qui avait quelque cinq cents ans d'âge. Depuis sa butte, il rayonnait, surveillant le mas voisin qu'il avait vu sortir du sol, le coin de forêt où il régnait sur des chênes blancs vénérables et sur des pins imposants. Un étang s'étalait à ses pieds, les oiseaux chantaient dans ses branches et le soleil était généreux.

Que demandait-il de plus ? Continuer à couler des jours heureux en son domaine, s'éveiller et s'endormir au rythme des saisons… C'était sans compter sur l'intervention humaine intempestive et désastreuse. Pour arroser les cultures, on pompa toute l'eau de l'étang. Depuis, le chêne, impuissant colosse, fragilisé dans son ossature, est en train de mourir année après année, en une agonie qui peut durer le siècle, de soif !

AXE DU MONDE ET ARBRE INVERSÉ

Pour les peuples archaïques, l'arbre est sacré — nous, civilisés, avons totalement occulté cette approche ; c'est un axe ; il se régénère et constitue un monde à part entière. Il se situe idéalement au centre du lieu sacré où pierre et arbre sont associés. Au-delà du chêne royal qui donne l'image de l'arbre sacré et peut constituer un lieu de culte à lui seul, il y a le bois sacré, éventuellement la clairière centrale. La forêt est hantée par divers esprits tutélaires ou de grandes Âmes comme Merlin, l'homme des bois, Jean de Fer, le Grand Pan, le Roi des Aulnes et toutes les Dryades et Hamadryades.

L'arbre est central comme omphalos. Le bouleau en est un exemple. On dit de lui qu'il est l'arbre du milieu du monde ; le poteau chamanique. Voici un axe vertical, traversant les trois mondes, souterrain, terrestre et aérien. Chaque essence développe sa propre sacralité. L'ancêtre Bouleau est l'arbre des chamans qui communiquent entre les mondes. Pour sa part, le chêne est l'emblème des dieux de l'orage, mais il sait avoir une valeur oraculaire ou devenir un temple, peuplé de fées aussi charmeuses que protectrices.

— *Symbolique de l'Arbre :*

Rappelons brièvement les axes de la symbolique de l'Arbre :

 — une signification cosmique : à lui seul, il représente le monde dans sa globalité ;

— une vocation comme arbre de vie et de fécondité inépuisable et/ou arbre de mort ;

— une fonction comme arbre de connaissance, où les feuilles gravées délivrent leur enseignement, en lien avec l'arbre creux de l'alchimiste ou le dieu égyptien Thot, maître des secrets ; ou comme arbre des Sephiroth, il devient, par exemple, une interprétation des mondes spirituels ;

— une forte pérennité et une incrustation dans le temps linéaire, comme l'arbre de Jessé ; et il se déploie en arbre généalogique à partir d'un ancêtre lointain ; dans le monde arboré, cette chaîne est sans fin ;

— une parenté avec l'androgyne initial — n'y aurait-il pas correspondance entre l'homme et l'arbre ? Un graphisme préhistorique avec un axe et deux lignes courbes, en haut et en bas peut symboliser l'arbre ou l'homme, indistinctement ;

— une valeur de centre du monde et/ou de lien entre la terre où il plonge ses racines et le ciel vers lequel il élève ses branchages feuillus ; et inversement une valeur négative comme arbre inversé.

Cette fonction d'axe, de centre, de moyeu (ou pièce centrale de la roue qui tourne traversée par l'axe), cette verticalité d'une implacable droiture, qui l'anime, en fait un modèle exemplaire des directions de l'espace et tisse un lien avec l'Homme, lui aussi caractérisé par la position debout. L'arbre n'est pas seulement au centre spatial et géographique du monde, il se positionne sur un plan vertical, reliant, comme diraient les chamans, les trois mondes, l'inframonde, la terre du milieu et les hauteurs célestes qui, à leur tour, peuvent se subdiviser en atmosphère proche, ciel supérieur où vivent des entités et ciel profond de la nuit étoilée. Comme centre, l'Arbre, et Ibn Arabi l'évoque, il se développe dans tous les sens. Ainsi, l'étoile à sept rais devient une représentation de celui-ci. Elle offre les directions cardinales, et zénith et nadir. Un point central matérialise à la fois le centre et l'Arbre.

— L'arbre inversé :

> *C'est vers le bas que se dirigent ses branches,*
> *et c'est vers le haut que se trouve sa racine.*

Rig Veda

L'ouvrage de Fereydoun Farrokh sur *le Symbolisme de l'orientation* et les représentations inversées de l'arbre des Sephiroth nous alertent sur la question de l'arbre renversé. Cette problématique existe depuis la préhistoire et les figurations de Lascaux, où les racines sont strictement symétriques des branches. Un graphisme simplifié, avec un tronc, trois branches et trois racines vient, dès le néolithique, corroborer une approche singulière, ambiguë et, pourquoi pas, magique. Ce même élément peut désigner « l'orant ».

Cependant, il faut se tourner vers Ashvattha, le figuier sacré (banian) de l'Inde et la culture hindoue pour trouver une première explication écrite satisfaisante. Sachons que l'Arbre a une position centrale dans l'univers, et axiale, si bien que l'arbre renversé interpelle. Ainsi, les recherches scientifiques récentes sur l'intelligence des arbres et des plantes corroborent cette approche et dévoilent qu'ils ont un développement de la vie qui semble inverse au nôtre. En effet, les racines toutes interconnectées d'arbre à arbre font office de ramifications nerveuses et de cerveau, tissant un dense réseau relationnel. C'est par elles que l'information circule d'un arbre à l'autre. Comme un pied, le bourgeon sort de terre dans un mouvement ascensionnel (ou anabase) ; la chevelure des racines qui s'incruste dans le sol étale l'arbre dans une irrésistible posture inversée, aux assises largement étendues. Le feuillage, pédestre, puise dans les énergies cosmiques une lente respiration. Ils « marchent » donc sur la tête, enracinés en profondeur dans le sol !

Revenons à la tradition hindoue. L'arbre renversé figure dans les *Upanishad*, le *Rig Veda* et surtout la *Bhagavad Gîtâ*, où le texte offre une clarté exemplaire :

On parle d'un figuier sacré impérissable dont les racines sont en haut et les branches en bas, dont les feuilles sont des chants védiques. Celui qui le connaît, connaît le Veda.

Ses branches s'étendent vers le bas et vers le haut ; elles croissent à partir des qualités, ont les objets sensibles pour bourgeons. Vers le bas, ses racines, entraînées par le lien des actes, se prolongent dans le monde des hommes.

On ne perçoit pas ici-bas sa forme ainsi décrite, non plus que sa fin, son commencement ou sa croissance. Quand, au moyen d'un instrument tranchant — le détachement —, on a coupé le figuier sacré aux racines complètement poussées, il faut ensuite chercher ce lieu d'où, quand on l'a atteint, on ne revient plus : « Je me confie à la Personne primordiale, de qui est émanée l'antique impulsion créatrice. »

La tradition ésotérique hébraïque, d'une part, et l'arbre des Sephiroth, de l'autre, usent du concept d'arbre renversé. Le Coran, aussi, y ferait allusion. Ou encore l'offrande d'un arbre inversé dans un puits, dans le contexte celtique. Dans le Purgatoire de Dante (*La divine comédie*), deux arbres se côtoient, l'un droit et aérien, l'autre renversé, qui répand la vie de haut en bas (catabase). K. Coomaraswamy et René Guénon en donnent une explication logique. L'arbre inversé surgit du Silence et du non-Être, alors que l'aérien y retourne, selon le premier. Un arbre cosmique et un arbre supra-cosmique se superposent et l'un est le reflet de l'autre, selon le second. L'arbre renversé s'apparente au macrocosme, et l'arbre aérien au microcosme. En matière d'hermétisme, l'origine céleste de l'homme le mène à redécouvrir, derrière le voile de l'illusion, son propre ciel intérieur, en dépit du fait que toute posture inversée gêne l'être humain usuellement debout sur ses pieds pour marcher.

Enfin, un dernier point mérite mention et nous y reviendrons. L'arbre est une porte ou une interface entre les divers plans d'une réalité subtile qui échappe, le plus souvent, aux yeux de chair. Là le déplacement est latéral.

DU BOIS SACRÉ À LA FORÊT IMPÉNÉTRABLE

Sauvage ? Hostile ? Interdite ? Que voilà bien des mots d'hommes, des jugements d'hommes ! Hors de nous, immense et toute vivante, tissée de siècles, nourrie de vieil humus de ses milliards de feuilles tombées, toute fermée, toute serrée sur son soleil et son ombre, qu'eût-elle eu à faire, la forêt de nos paroles et de nos regards d'hommes.

Maurice Genevois, *La Forêt perdue*

La forêt, moutonnement vert à perte de vue, chevauchant les collines et les escarpements. Est-elle aussi idyllique qu'il semble ? Parfois, l'immersion au sein de cette masse profonde, dense, enténébrée, effrayante, où les repères disparaissent, car tous les troncs jouent le mimétisme et finissent par paraître analogues, vire au cauchemar. Les auteurs de l'antiquité classique ont fantasmé sur la très mystérieuse forêt d'Orcynie (ou forêt hercynienne). On ne la connaissait que par ouï-dire et la rumeur amplifiait le délire. Impuissants à la localiser vraiment, ils pensaient qu'elle servait de frontière entre les Celtes et les Germains, quelque part en Europe centrale. On pouvait y voyager des mois entiers sans voir la lumière solaire, tant le couvert était dense et la zone dépeuplée. Des chênes à l'infini. Des animaux fabuleux vivaient là, une sorte de licorne de la taille d'un bœuf, l'élan et l'aurochs. Étaient-ils réels ou, comme tout bon gardien du lieu, fantomatiques ?

Selon le mythe, l'homme paléolithique émerge de la grotte…

Pour plonger dans la forêt luxuriante qui succède à la toundra gelée des époques glaciaires. Gagne-t-il au change ? La grotte-ventre lui a donné naissance. À condition qu'il partage avec l'ours et le lion leur repaire. À condition qu'il se livre à d'étranges rituels dans les profondeurs les plus enténébrées et les plus dangereuses et/ou qu'il inhume ses défunts en grande pompe. Une mort pour une vie. La Déesse des origines ne cède sur aucune proie, tour à tour aimante et dévorante. L'homme ne se fait pas d'illusion. Désormais, il se trouve face à une nouvelle émanation de celle-ci, la Nature. Est-elle accueillante ? Est-elle répulsive ? Qui le saura s'il ne se perd pas en son sein ? Aujourd'hui encore, la forêt amazonienne entretient cette ambivalence. Sous son couvert s'abritent des espèces animales sournoises et venimeuses. Pourquoi ne pas l'éradiquer pour que paissent grasses brebis et vaches opulentes ? Ainsi, l'on met fin à l'obscure et irrésistible terreur qu'elle inspire. Voir cette canopée démentielle au-dessus des têtes et perdre le lien avec les étoiles, seul gouvernail dans un univers irrespirable à force d'être oppressant.

On distingue forêt proche et lointaine. Albert Dauzat précise que *forestis silva* désigne, au VIIIe siècle, la forêt en dehors de l'enclos, soit la forêt royale. Abordons brièvement cette notion de forêt proche, où l'on va chasser, cueillir des baies sauvages, collecter des champignons, ramasser du bois. En opposition, la forêt lointaine, inaccessible, terrifiante, se peuple de créatures telles que Jean de Fer, les ogres ou les géants. Tous n'appartiennent pas au répertoire horrifiant des contes pour bambins curieux. Un jour, par jeu, nous avons invoqué Jean de Fer… Et entendu un craquement. Quelque temps plus tard, est survenu le génie du lieu, ou plutôt de la montagne — le Massif de la Sainte-Baume — une entité lumineuse et colossale qui englobait un vaste périmètre. Il faut toujours être attentif aux souhaits que l'on profère de manière inconsidérée !

Les oiseaux craignent de se poser sur les rameaux, les bêtes sauvages de se coucher dans les fourrés ; jamais le vent ne descendit sur ces forêts ni la foudre que secouent les noires nuées ; les arbres immobiles et muets recèlent une horreur étrange ; une eau noire ruisselle de mille fontaines ; des troncs informes et taillés sans arts sont les tristes simulacres des dieux ; leur difformité même, et la pâleur du bois pourri, épouvantent ; on redoute ces dieux dont les figures sont inconnues ; on tremble devant eux, d'autant plus qu'on les ignore.

La tradition raconte que souvent la terre s'ébranle et les profondes cavernes mugissent ; que les ifs se prosternent et se relèvent soudain ; que la forêt, sans se consumer, resplendit des lueurs d'un incendie ; que des dragons se glissent à l'entour des rameaux qu'ils embrassent. La religion de ces peuples n'ose s'approcher de ce bois ; ils l'ont cédé à leurs divinités.

Lucain, *La Pharsale*

Rappelons-nous *La Pharsale,* évoquée plus haut. Dirions-nous que le poète nous ôte les mots de la bouche ? La forêt, au-dessus de Nans-les-Pins, qui s'étage jusqu'au plateau où se situe la Sainte-Baume, livre, à certains moments, une indescriptible horreur ; une hostilité sournoise y règne ; les lichens donnent la sensation d'une putréfaction aboutissant à la mort ; le silence est si total que l'on se demande si les oiseaux ont jamais niché ici.

— La forêt hantée :

Le grand chasseur est une divinité chthonienne qui se livre à une chasse impitoyable le jour des Morts. Walpurgis entre dans ce cadre. Cernunnos et le cerf appartiennent-ils à ce propos ? Voici la chasse d'Odin, plus concluante. Ou dans le folklore jurassien, le mystérieux Jean des Baumes qui hante la forêt de même nom. Du côté de Fougères, le seigneur Artu assiste à la messe pascale, lorsqu'il entend ses chiens partant en courre. Précipitamment, il sort de l'église avant la fin de la célébration, et suit sa meute. Plus il va et plus le train s'accélère. Les chiens et le cavalier finissent par bondir au-dessus d'un précipice… Et la course ininterrompue de la meute se développe dans les airs. La malédiction veut qu'elle continue jusqu'à la fin des temps.

En revanche, d'autres chasseurs renoncent à leur passion. Voilà le propos de la Forêt perdue de Maurice Genevois. Des saints — Eustache, Germain l'Auxerrois ou Hubert — ont également abandonné leur raison d'être.

Rappelons également la féérie du roi des Aulnes. Le canevas primitif tourne autour d'Oluf. À la veille de ses noces, il part pour une balade nocturne et rencontre les elfes en forêt. Serait-ce la nuit de Walpurgis ? Or, il refuse de danser avec la fille du roi des elfes (= Aulnes). Celle-ci le pique au cœur avec un stylet. Le lendemain, sa fiancée le retrouve mort, dans un bain de sang, derrière une tenture écarlate. De cet argument, Goethe a tiré la terrifiante *Ballade du Roi des Aulnes,* qu'il interprète. Ici, un homme à cheval emporte son enfant malade. Et il doit traverser une forêt qui, à chaque pas, se révèle de plus en plus inquiétante, puis effroyable. Il a beau cravacher sa monture, les ombres le rattrapent…

Et son enfant lui est arraché. Impitoyablement !

Lors de la nuit de Samain, se déchaîne donc la chasse sauvage, la cavalcade des esprits, et Arthur ou Herne mènent la danse. Chacun redoute les cris surnaturels que l'on entend dans la profondeur enténébrée des bois.

— *Le Combat des arbres :*

> *J'étais à Caer Tefynedd,* [le château broussailleux]
> *Quand y accoururent herbes et arbres.*

Le Combat des arbres

Nous ne nous lancerons pas dans de longs dithyrambes à propos d'un poème dont la renommée enflamme l'âme celte. Sachons qu'il y a là, dans un savant désordre, autant d'essences que de journées dans un mois, que dix-sept espèces produisent des fruits ou des baies comestibles pour six qui sont franchement toxiques. Le propos ne se situe pas à ce niveau. Il est question de manipulation de la matière ou d'illusions de charlatans en mal de célébrité, nul ne le sait. Merlin l'enchanteur, à moins que ce ne soit Taliesin, peut en témoigner. Immense se révèle le pouvoir du druide, du barde ou de l'ovate qui jette des imprécations dans le vent. Toujours est-il que les forces de la nature, les déités qui hantent la forêt ont été éveillées pour un combat ensorcelé dont l'issue s'auréole de mystère. Comme entrée en matière :

> *J'ai revêtu plusieurs aspects,*
> *Avant d'atteindre ma forme naturelle.* (Ibid.)

Le barde va-t-il nous entraîner dans une sombre histoire de métempsychose ? Il semblerait bien. Les arbres forment l'ornement du poème, pour divertir et troubler la concentration d'auditeurs béats. Et en fin de poème, le chantre avoue être riche et jouir des plaisirs de la vie, « *loin du labeur oppressif de l'orfèvre* » (Ibid.).

Étrange ! Transmigration des âmes ou interface entre des mondes aux marges du réel, de quoi est-il question dans cette œuvre volontairement déroutante ? Trois thèmes sont présents, les métamorphoses temporelles d'un être indéfinissable — hôte des bois ou aède ivre d'inspiration —, le combat des arbres et le poème sur la femme-fleur. Avouons que l'auteur se présente à nous comme un dragon à l'aspect horrifique, avant que ne débute la bataille, qui semble provoquée par un enchanteur. Bref, les arbres s'ébranlent. Ce n'est pas la meilleure des armées ni la plus disciplinée, mais la fougue les dynamise. Puis, après la digression sur Blodeuwed, tissée d'essences florales par Math et son comparse Gwyddion, le barde reprend le fil de son autobiographie, prétend connaître neuf cents chants différents et finit par se prendre pour Arthur : « *Ma couronne est de pierres rouges* » (Ibid.).

Métempsychose et/ou interface : on glisse entre les lignes, on glisse entre les plans et le tour est joué. « À bon entendeur, salut ! »

FÉES, FÉERIES, FARFADETS

Le songe vain nous livre parfois d'étranges personnages. Vêtue d'une ample et longue jupe aux plis multiples, qui lui donnaient du volume, et aux couleurs automnales pâlies — le bleu violacé et le marron dominaient —, d'un châle enveloppant et coiffée d'un invraisemblable chapeau qui tenait de la casquette et s'ornait d'une envolée de plumes de faisan, s'annonçait une fée. Une fée ? Et au moment de parler, elle se retourna vers moi, puis : frtt… ! Elle disparut, sans se nommer. Qu'avait-elle à dire ? Si ces gentes Dames savent apparaître en songe, pourquoi ne le feraient-elles pas dans le quotidien, mettant à profit une connexion entre les plans de réalité ?

Comme chacun le sait, « fée » vient des *Tria Fata*, les déesses latines de la destinée. En Grèce, elles ont pour nom Clothô, car elle file, Lachesis car elle accorde une seule chance et Atropos, « l'Inflexible », car elle tranche le lien de la vie, sans le moindre sentiment. Les fées, elles, n'ont pas souvent de nom, vont par trois, sept ou douze. Leur personnalité se révèle aussi mystérieuse que celle de leurs devancières. Les unes sont inconditionnellement bonnes alors que les autres sont irrémédiablement mauvaises. Rappelons que la féerie développe un goût certain pour des situations manichéennes et contrastées. Peut-être ne sont-elles, en dernière analyse, que l'une des émanations de la déesse mère originelle ?

Comment définir la fée ?

Un être gracieux, diaphane et éthéré, sachant, selon son vouloir, se rendre lumineux ou noir. Un être doté de pouvoirs sans limite, capable d'apparitions aussi terrifiantes que sublimes. Un être susceptible de changer radicalement le destin des mortels. Jadis, les déesses côtoyaient les humains. Le temps n'avait aucune prise sur leurs attraits. Leur pouvoir et leurs prérogatives étaient immenses. Ne hantent-elles pas forêts et arbres, sous la forme de la *devi* ?

Les fées ont beaucoup hérité de ces privilèges, que l'on compte au niveau des féeries. Il y aurait tant à dire sur ce sujet. Mystification ? Puissance sans frein de l'imagination ? Réel potentiel agissant dans des voies si subtiles que nos sens, grossiers, sont inaptes à le percevoir ? La féerie demeure un univers parallèle. Il faut avoir l'âme d'un enfant pour trouver la porte qui ouvre sur ces merveilles et y pénétrer sans dommage.

Restent les elfes, les farfadets et autres esprits plus ou moins farceurs, plus ou moins maléfiques. Correspondent-ils à la face obscure de la féerie ? Ils osent prendre des apparences fallacieuses pour « fader », pour embobiner les benêts. Et ceux-ci gravissent les côtes, les montagnes, les sommets… Puis un jour, on les voit, pâmés et béats, dans un cratère de la Lune. Combien y a-t-il, dans le conte, de Jeannot, de Bazin, de Pierrot de la Lune ? Les auteurs de science-fiction eux-mêmes renouent parfois avec ce mystère d'un autre temps tout en l'actualisant. Ainsi, *Colomb de la Lune*, de René Barjavel. Physiquement, le héros s'en va vers la lune, rythmant son hibernation grâce à un conte de fées dont la fin restait perdue à jamais…

FÉES

La fée a le rôle de gardienne et d'initiatrice du domaine de la Mort, ou comme les *Fata*, elle donne l'impulsion de vie à chaque individu, tisse la trame de son existence et finalement, en rompt le fil, le moment venu. Indubitable est leur lien avec les Parques, ou les Moires. Certaines ont le cœur sur la main et la larme de compassion à l'œil. D'autres sont d'une méchanceté effroyable, d'une rigueur sans pareille, d'une perversion diabolique. Qui n'a craint, à juste titre, la fée Carabosse, et ses maléfices sournois ?

Multiples sont leurs apparences. Elles se déguisent parfois en mortelles pour aguicher les jeunes hommes et les perdre, en riant d'eux. Tantôt, elles s'arment de la queue d'un monstre aquatique ou reptilien, mais refusent à leur époux de les voir dans leur bain. Tantôt, elles se parent des ailes de l'ange généreux et du voile diaphane de l'illusion. Elles ont bien d'autres ruses et sous les traits d'une chevrette blanche, elles entraînent les mortels cupides vers un trésor imaginaire et un malencontreux destin. Qui sont-elles vraiment ? Selon les moments, elles se vêtent de la tunique ou de la cape de la druidesse, ou elles se dévêtent comme les nymphes antiques. Certains malheureux leur prêtent des allures d'ange ailé, à l'étincelante vêture, victimes d'illusions pernicieuses.

Que font les fées ? Les plus coquettes passent leur temps à se mirer dans l'eau ou dans de somptueux miroirs magiques, à peigner leurs longs cheveux aussi blonds que le blé en été, à compter leurs pierreries dans la clarté crépusculaire de la lune défaillante. D'aucuns les considèrent comme les gardiennes des trésors les plus somptueux, bien qu'elles aient tendance à la dispersion, à la légèreté, ou au vagabondage. Les nains et les dragons ne leur font aucune confiance en ce domaine. Cependant, d'autres fées se livrent à des tâches moins futiles. Des lavandières fatales rincent les dépouilles des morts dans les lavoirs. À côté, de talentueuses ouvrières préfèrent ériger des menhirs, tracer des cercles visibles ou invisibles, bâtir et aménager des dolmens. La nuit, quand luit la pleine lune, il n'est pas rare d'en voir, portant dans leur tablier retourné, d'impressionnants blocs rocheux.

Il faut vite aller se cacher. Elles sont inflexibles envers celui qui les surprend au labeur.

Chacun sait que les fées font des dolmens leur chaumière, qu'elles aménagent coquettement. Dans la lueur fragile de l'aube et à travers le voile de brume diapré de gouttelettes, il arrive qu'on les aperçoive dans leurs occupations ménagères, faisant la cuisine — des gâteaux savoureux pour les enfants sages et gourmands —, puisant de l'eau à la fontaine, brodant des tissus arachnéens ou filant la quenouille, tout en gardant les agneaux ou les chèvres. À leurs heures, les fées sont bergères…

Cependant le tissage est leur lot quotidien. Là se situent la clé du destin, et celle de la parole. Babillent-elles ou font-elles preuve de mutisme ? Seuls ceux qui les ont côtoyées savent la vérité. Ceux qu'elles « fadent » perdent généralement l'usage de la parole ou deviennent bègues. N'ont-elles pas la science des sortilèges ? Cela ouvre un lien avec la fonction sacerdotale et rappelle le terrifiant pouvoir d'envoûtement des sorcières gauloises et la réputation sulfureuse dont elles jouissaient.

Toutes les fées n'ont pas le même attachement pour la pierre et la terre. Certaines se plaisent dans les milieux aquatiques. Elles se cachent dans de somptueux palais que l'on découvre parfois au fond des lacs, derrière le rideau des cascades ou dans la profondeur insondable et noire des fontaines. La Dame du Lac, la Dame à la Fontaine savent se rendre transparente dans la fantasmagorie de l'eau. Ces fées supportent, moins que les autres que les mortels puissent les débusquer ou trahir leurs secrets. Elles arment, dans le plus grand mystère, des chevaliers intrépides pour défendre leurs couleurs et faire respecter les limites magiques de leur domaine.

Quelques-unes, enfin, se cachent dans les frondaisons des arbres, ou se ménagent des abris dans leur tronc massif. Sont-elles des esprits de la forêt, proches parentes des dryades ? Sont-elles des manifestations spontanées et impondérables de l'élément Air ? Sont-elles les plus immatérielles des fées, ne faisant plus qu'un avec l'œuvre de féerie ? Parfois et en dépit de leur éclatante beauté, on les traite de « vieilles ». Il est vrai qu'elles ont toutes un âge vénérable. L'homme est si méchant !

Va-t-il se frotter aux fées de feu ? Il préférera fuir à toutes jambes et éviter de se brûler à ce brasier dévorant. L'amoureux éconduit se consume vainement en braises ! Sans pitié sont les fées. C'est pourtant dans un foyer, aux portes de Mulhouse, que s'ouvre un souterrain recelant un mirifique trésor. Il faut avoir le cœur bien accroché pour prétendre s'en emparer. Seraient-elles représentatives des quatre (ou cinq) éléments ?

Toute la science magique est leur domaine, du don de prophétie au pouvoir de changer les faits, le destin, voire les éléments. D'aucuns disent qu'elles nous suivent de la naissance à la mort. Sont-elles, pour autant, des anges gardiens ? Ou des génies « féminins » à la mode antique ? Elles se penchent sur le berceau des ravissantes petites princesses. Que se passe-t-il en cet instant crucial ? Si elles sont susceptibles d'accorder des dons ou de les gratifier de présents, sont-elles angéliques ? Rien n'est moins certain. *La Biche au bois*, de Madame d'Aulnoy, livre toute la perversité d'une fée ombrageuse et quelque peu orgueilleuse.

En fait, les femmes-fées offrent tous les défauts et toutes les qualités de l'être humain. La féerie joue avec cette ambivalence et les bonnes dames finissent par être, un jour, méchantes. La réciproque est-elle valide ? Ceux qui se sont frottés à elles préfèrent taire leurs petites cachotteries. Leur vindicte reste aussi soudaine qu'implacable.

Qui sont-elles vraiment ? Des déesses impavides et souveraines ? Elles en suivent les caprices et l'humeur changeante. Des prêtresses d'un culte de la Nature, maintenant tombé dans l'oubli ? Elles en ont la science et le potentiel. De simples mortelles parées de dons excessifs ? Elles en ont l'égarement. On comprend, dès lors, pourquoi le christianisme s'est évertué à diaboliser les fées et à les identifier aux sorcières les plus pendables et les plus éhontées, bonnes pour le bûcher.

Ont-elles une histoire ? Ont-elles un destin fabuleux, tissé de rêveries et de faits miraculeux ? Ont-elles, surtout, un avenir ?

Si l'on tient à bâtir l'histoire des fées, il faut remonter au cœur du Moyen-âge. Une première mention date au milieu du XIIe siècle. Avec le conte breton de *Lanzelet,* intervient l'une d'entre elles, Dame du Lac, sans nom, qui initie le jeune homme à une chevalerie éternelle. La légende du roi Arthur intervient grandement dans l'apparition de la féerie. Avant de recevoir le nom de *fée,* celle-ci s'appelle tantôt Dame et l'on sent quelque début de courtoisie, ou Vieille et l'on aurait tendance à virer de la méchante fée vers l'ignoble magicienne, bien qu'il y ait des « Vieilles » qui se révèlent emplies de mansuétude.

À ce titre voici la trame d'un conte d'origine celte, qui met en scène un certain Lugaid. Il était une fois un jeune homme qui avait deux frères portant le même nom que lui, car une obscure prédiction voulait que ce patronyme soit voué aux plus hautes fonctions. Dans l'incertitude, leur père Dairé les avait tous dénommés de la même manière.

Un soir d'automne, les trois frères étaient assis au coin du feu, partageant et mangeant le produit de leur chasse, égarés dans quelque obscure forêt. Arriva alors une petite vieille, d'une laideur effrayante et d'une saleté répugnante. Leur bravoure ne les empêcha pas de frissonner, d'autant plus qu'elle leur tint ce langage menaçant :

« — Que l'un d'entre vous accepte de partager ma couche pour la nuit, sinon je vous dévorerai tous.

Les deux frères de Lugaid se récusèrent et le plus jeune, malgré sa répulsion, se dévoua.

Une fois au lit, la vieille devint une ravissante jeune personne agréable à voir, souriante et charmante.

— Ta grandeur d'âme est louable. J'aurai un fils de toi et plus tard, je m'unirai également à celui-ci. Je suis reine et j'ai le pouvoir de conférer la Souveraineté à qui je l'entends. »

Voilà comment se réalisa la prophétie. Originellement, les dames donnaient l'autorité au roi suprême d'Irlande. La déesse s'est faite fée ou femme, elle peut paraître jeune ou vieille à son gré.

Puis, on assiste à une évolution du concept de fée au cours des temps. Avec le XIIIe siècle, l'engouement s'estompe. Elles sont plus rarement mentionnées. Le miracle cède le pas à la gente dame. Est-elle humaine ? Elle semble ne plus appartenir à un monde parallèle. Les fées connaissent la magie. Toutes les femmes qui ont des pouvoirs mystérieux (et peut-être diaboliques) appartiennent à leurs rangs. De là, on glisse vers la sorcellerie.

Le XVe siècle voit le renouvellement du mythe, avec l'apparition d'un nouveau personnage, Aubéron, le roi des fées. Dès lors, l'homme gagne une emprise dans un domaine jusque-là réservé à la gent féminine. Aubéron, fils de Jules César et de Morgane la fée, est doté, suite à un maléfice, d'une très petite taille, mais d'une beauté sans égale. Ses dons le rendent exceptionnel. Il se déplace à volonté, se fait obéir des animaux et détient quelques objets magiques, dont un arc invincible, un cor qui déchaîne la tempête, un fauteuil, et une coupe intarissable. On se souvient de la tradition celtique. Ce n'est pas parce que le roi des fées a l'aspect d'un nain que ces dernières le sont aussi…

À partir de la Renaissance, on donne aux fées des allures splendides de nymphes et l'on renoue avec l'Antiquité. Dans une Nature en vogue, la femme s'affine et minaude dans les jardins et les labyrinthes, entre émois amoureux et galanterie osée. Une partie des contes, comme à l'époque romaine, a un caractère grivois.

Puis, le XVIIe et le XVIIIe siècle correspondent à la grande époque des « contes de fées » avec Charles Perrault, Madame d'Aulnoy, ou Hans Christian Andersen, puis l'arrivée à la cour des contes des *Mille et une nuits*, grâce à la plume d'Antoine Galland. Le conte féerique prend vie. À côté de troublantes et mirifiques aventures orientales, toutes ourdies dans des palais somptueux, des pauvres, des infirmes, des mendiants parviennent à se transcender, avec le coup de pouce du destin, et à devenir des héros exceptionnels.

Le XIXe siècle sacre le romantisme où bois, forêts, nuages, etc., sont habités. Parmi les feuillages se dissimulent des fées. Peu à peu, le folklore local prend la main et l'on collecte toutes les légendes, contes et traditions, dans le souci de sauvegarder un patrimoine avant tout oral. À partir de la même trame attestée de la Galice à l'Oural, chaque conteur se met à broder, en vertu de sa verve et au final, le résultat est d'une saveur sans pareille et totalement disparate. Pour leur part, les frères Grimm ou Lewis Caroll savent conserver un esprit traditionnel et se gardent de trop innover, à la différence du félibrige, en fin de siècle. Mistral et ses comparses mettent à l'honneur un nouveau genre, la nouvelle anecdotique fondée sur un vécu cocasse, mais magnifié. Il est vrai qu'Edgar Allan Poe avait, dans ce genre, livré des récits aux tournures de conte, comme *Un Évènement à Jérusalem*.

Au XXe siècle, la grande tradition se maintient avec l'œuvre d'anthologie de John Tolkien — *Le Seigneur des anneaux* —, qui renoue avec l'âme obscure de la féerie, en mettant en scène le petit peuple. Plus actuellement, l'*heroïc fantasy* puise à cette source.

Dans les textes récents prévaut le terme de fée, mais la littérature plus ancienne parle de « Dame » ou de « Demoiselle », ce qui leur donne un cachet médiéval et les pare des somptueux atours des châtelaines. Les campagnes ne rechignent pas à les traiter de « Folles ». Et parfois, des esprits follets se glissent dans l'aventure pour la pimenter.

Pour conclure, renouvelons la question : y a-t-il un avenir pour les fées aujourd'hui ? Les conteurs et conteuses diront qu'il faut les courtiser, les chérir et les invoquer. Sans cela, leur espérance de vie se réduirait au fil de chanvre qu'elles s'obstinent à filer, oublieuses des métiers mécaniques qui tissent, à leur insu, la trame du temps. Qui oserait le trancher ? Sans doute faut-il reprendre son armure de chevalier et se battre pour que vive la tradition. Les arbres les accueillent, mais la forêt est sous menace, elle aussi.

À la Saint-Martin, je vais voir ma fée
Dans sa clairière lumineuse et glacée, fume un peu de laurier.

Poème d'Yves Albet

Selon ce poème, l'homme est comparable à un oignon dont les expériences forment les pelures et/ou le caractère. Pour leur part, les fées semblent perdre, peu à peu, atours et attraits et devenir évanescentes dans un paysage que l'homme retaille à grands coups de serpe pour en extirper des banlieues de béton, hideuses et sans âme.

FÉERIES

Comment définir la féerie ? Est-ce le pouvoir des fées ? Un monde imaginaire et fantastique ? *Faer* signifierait « enchanter », selon le dictionnaire étymologique d'Albert Dauzat. Dans cette perspective, le conte de Madame d'Aulnoy, *La Biche au bois* permet d'accéder à cet univers de féerie, de magie. Il reprend le thème celtique, voire antérieur, de la royauté d'un cerf solaire épousant une biche lunaire. Dans ce conte toutes les puissances négatives sont mises en œuvre pour que l'union cosmogonique n'ait pas lieu.

Comme protagonistes se voient un roi, une reine, une princesse et ses deux demoiselles d'honneur, l'une agréable et douce, l'autre mesquine et jalouse, d'un côté. Et de l'autre, un couple royal, leur fils, sa fiancée, la princesse Noire et leur ambassadeur qui joue les entremetteurs. Ajoutons cinq bonnes fées plus une mauvaise, pour faire bonne mesure.

Tout débute par une dose, presque surabondante, de féerie. La jeune reine n'a pas d'enfant, à son grand désespoir. Voilà pourquoi elle se rend dans une forêt magique auprès d'une fontaine enchantée, et gémit sur son sort…

Une écrevisse paraît et la rassure. Il s'agit en fait d'*une petite vieille* (ou plutôt de la fée de la Fontaine). Elle la conduit, grâce à un passage secret bordé de fleurs somptueuses, où chantent des myriades d'oiseaux, jusqu'à un palais de diamant. Suit une description enthousiaste de splendeurs inimaginables.

« Rien n'est réel, madame », dit-elle. Et des portes du château sortent six fées, qui lui promettent d'exaucer ses vœux. Chacune lui offre une fleur de pierreries. Le bouquet se compose d'une rose, d'une tulipe, d'une anémone, d'une ancolie, d'un œillet et d'une fleur de grenadier.

La reine rentre alors chez elle, exultant. Effectivement peu après, elle a une fille, Désirée. Dès sa naissance, elle fait appel aux cinq fleurs, qui sont autant de fées bienveillantes se penchant, souriantes, sur le berceau de l'enfant, mais oublie la sixième. Le trousseau du bébé est mirobolant. Or, la fée de la Fontaine, ignorée et s'estimant insultée, a plus de pouvoir que les autres et plus d'acrimonie. Elle condamne Désirée à vivre dans le noir absolu jusqu'à l'âge de quinze ans. En vain, les autres fées tentent de la fléchir. La punition reste sans appel. Cependant, en quelques coups de baguette magique, les cinq bonnes fées bâtissent une demeure pour leur protégée.

La seconde partie du conte oublie la féerie sublime pour se rattacher à la catégorie des histoires d'amour contrarié et de fausse fiancée — domaine très prolifique ! Notons l'Inde friande de ce type de situation, où les amoureux ne se connaissent que par leurs portraits respectifs échangés. Il y a une pointe de jalousie dans l'air — la princesse Noire et la demoiselle d'honneur, Longue Épine. Malgré tout, la noce est annoncée… et précipitée. La jeune Désirée doit rejoindre son prince dans un carrosse entièrement clos.

Coup de théâtre et troisième acte. On revient à l'enchantement et aux vieilles traditions préceltiques. Une main mesquine dévoile le jour et le soleil. Aussitôt, Désirée se retrouve dans la peau d'une biche, par la vindicte de la fée de la Fontaine. Biche blanche le jour et jeune fille la nuit, elle se terre dans la forêt avec pour seule compagnie sa gentille amie Giroflée. Fou d'amour et déçu par la fausse fiancée, sous les traits de Longue Épine qui s'est présentée à la cour en place de Désirée, le jeune prince s'en va en forêt, chagrin et amer. Passe le temps. Il se met à chasser sa vraie fiancée sous les traits de l'animal sauvage, qui erre dans les bois.

Une fin heureuse permet aux deux jeunes gens de se rencontrer, sous forme humaine et de se reconnaître. Le maléfice disparaît au jour du quinzième anniversaire.

Ici, la féerie se dévoile dans le monde magique du début, le palais, le jardin, la fontaine, les chars des fées tirés par des dragons, des lions, des pigeons blancs, etc., les coups de baguette qui réalisent tous les souhaits ou transforment les bénéficiaires. Elle apparaît également dans le pouvoir de métamorphose dont use la fée de la Fontaine. Elle-même se présente comme une grosse écrevisse et elle n'hésite pas à transformer la princesse en une proie pour tout chasseur expérimenté. Les personnalités caricaturales, l'invraisemblance des situations, les épreuves qui accablent les deux jeunes gens entretiennent la flamme du conte.

Revenons à ce qui définit la féerie.

De façon conventionnelle, les attributs des fées demeurent la baguette, que l'on a vue à la peine, la quenouille et le fuseau, l'anneau, la ceinture (comme en porte la déesse originelle). N'y a-t-il pas un lien occulte, mais profond avec cette dernière ? L'anneau a un potentiel fabuleux — il permet, entre autres, l'invisibilité et l'identification d'inconnus. Quant aux pouvoirs, ils sont variés, prédiction de l'avenir, changement du destin, vol magique, enlèvement de personnes, métamorphose, transformation des objets ou des êtres vivants, réalisation des vœux, dons divers, etc. Beaucoup se réfèrent à un chamanisme hors d'âge, ou plus proche, au druidisme, ce qui confère au fondement du conte, une très haute antiquité et une puissance de transmission qui transcende espace et temps.

Les fées évoluent dans un milieu naturel, bien que certaines osent fréquenter les villes. Il y a toujours quelque frondaison, quelque bassin ou quelque jardin, propre à les susciter… Arbres, rochers, grottes, sources et fontaines, cascades, buissons, mégalithes, etc., sont leur scène quotidienne de jeu. Dans les contes d'origine celtique, chaque « Dame » a la mainmise sur une espèce arborée spécifique. Il en va de même en Inde. Ainsi se nouent des relations avec une tradition indo-européenne fortement ancrée. Les fées deviennent de proches parentes des nymphes de la mythologie gréco-romaine. Elles ont une affection démesurée pour l'univers aquatique, les lacs, les étangs, les fontaines, car elles rendent magiques les eaux, savent se fondre en elles et y faire miroiter d'inestimables pierreries, qu'elles oublient parfois, suscitant des vocations de chercheurs d'or.

Plus surprenant, elles évoluent sur les sentiers, les vieux chemins creux, bardés de toiles d'araignées où se dépose la rosée, ou sur les *leys*, comme les Britanniques aiment appeler les réseaux d'énergie joignant les hauts lieux cosmotelluriques. Là, elles apparaissent pour peu qu'on les sollicite ou pour surprendre le rêveur impénitent et l'apeurer. Mais ensuite, elles ensorcellent les imprudents qui finissent par tomber dans des précipices ou par se noyer dans quelque sombre étang. Ne sont-elles pas si fluides ou si vaporeuses qu'elles s'évanouissent, dans un battement de leurs ailes diaphanes, au sein des frondaisons, s'incorporant aux bosquets, aux arbres, aux ruisseaux ? Comme esprits de la Nature, ne sont-elles pas en relation avec les quatre (ou cinq) éléments ? Plus intrigants se révèlent les *leys*, ou « Chaînes des fées », mises en lumière par Alfred Watkins, lignes droites découpant la campagne anglaise, enjambant les vallées. Parfois les faisceaux convergent. Ainsi à Glastonbury ou à Stonehenge.

Vaste se révèle donc l'espace où se déroule la féerie. Quant au temps, il a d'étranges propriétés. Parfois il est très court. Parfois il est très long. Dans *La Navigation de Bran*, les marins, après un séjour dans l'île des Femmes, reviennent à leur port alors que plusieurs siècles se sont écoulés et que plus personne ne les reconnaît [1]. La relativité du temps était perçue bien avant qu'Albert Einstein ne la mette en équation.

Des animaux entretiennent des relations privilégiées avec les fées. Passons sur les colombes, pigeons, griffons, etc., qui tirent leur carriole. Ici la référence s'appuie sur l'Antiquité, où les divinités paradent sur des chars conduits par d'étonnants attelages. Biche et cerf sont leurs compagnons de prédilection. Un souvenir remontant à la mythologie protohistorique (âge du bronze) s'inscrit dès lors. Pour preuve, *La Biche au bois*, dont il existe des variantes locales. Ces deux grandes bêtes sauvages hantent les parois rupestres et témoignent d'un culte luni-solaire qui a marqué profondément les imaginations. Il y a bien d'autres bestioles pour escorter ces Dames ! La féerie métamorphose aussi les princes en crapauds. La fée de la Fontaine a, chez Madame d'Aulnoy, les traits d'une écrevisse. Serpents, oisillons et papillons sont de leurs cortèges.

Les arbres abritent les fées ou les camouflent. Leurs énergies s'entremêlent pour humaniser la Nature, la parer d'essences maternelles et protectrices ou au contraire de surgeons fiers, mâles et droits. Il est vrai que la forêt cache d'innombrables créatures matérielles ou immatérielles, immenses comme les elfes ou minuscules comme les Élémentaux. Seul celui qui sait voler sur la mousse peut capter leur invisible trace. Toutes les espèces nobles, selon la mythologie celte, ont leur compagne attitrée. Verte est la couleur de la féerie, bien que la brume s'y pare d'or, d'argent ou d'azur. Il y aurait tant à dire sur les liens subtils entre fées et Nature.

Tout porte à croire que les fées ont une taille proche de celle de l'humanité. Elles sont parfois plus sveltes ou plus élancées, et parfois elles préfèrent une relative petitesse qui leur permet de se dérober à la vue ou de dévoiler quelque touche de coquetterie et de minauderie.

---

[1] Nde : voir également *La fille du Roi des Elfes* de Lord Dunsany.

Comme elles se révèlent plus ou moins immatérielles, beaucoup d'êtres humains ne parviennent pas à les distinguer, sauf si elles jouent les aguicheuses pour berner les jeunes gens. Elles savent se fondre dans leur environnement et ne se montrer qu'à ceux qui ont le don de les voir.

Dans le Midi, on les désigne comme « Masques », ce qui laisse entendre qu'elles savent se grimer. Auraient-elles un côté maléfique ? Veillant sur les étangs, les fontaines ou les puits, les Vouivres sont des esprits de l'eau. Toutes ont la garde de fastueux trésors, dont elles daignent parfois donner quelque parcelle. L'une d'entre elles, en Bourgogne, se pare de diamants et d'anneaux d'or ! En Normandie, quelques-unes ont des patronymes. Elles se nomment Bête Havette, fée Lo, Bohain, fée Andaine ou fée d'Argouges ; en Orléanais, fée Houpille. Pourtant, nulle n'est plus fameuse que Mélusine, poitevine d'origine, ancêtre prestigieuse de la famille du Luxembourg.

Rappelons enfin la tromperie dont a été victime sir Arthur Conan Doyle. Des fillettes lui avaient présenté des clichés d'êtres minuscules s'ébattant dans les feuillages près d'un ruisseau. Longtemps après, elles ont avoué leur tricherie. Le mal était fait et depuis, bien des créateurs, dont Walt Disney, restent persuadés de l'extrême petitesse des fées, ou les confondent sans vergogne avec les lutins, les « Élémentaux » ou les fadets.

FADETS

Dans le Midi, il y a toujours quelques « fadé » ou fada. Une seule voyelle les distingue. Ne sont-ils pas tous deux des « ravis » ? Le fada, bien que déséquilibré ou décalé, demeurerait dans l'humain, alors que le « fadé »…

On se le demande. Il n'y a pas pire « luné », dit-on, que celui qui est habité par les fées et ne vit plus sur terre ! Quelle parenté noue-t-il avec le fadet ?

En fait, le fadet ou la fadette sont des diminutifs de fee, ce qui signifie « fée » en langue provençale, puis lutin. Cependant on emploie aussi « matagot » pour désigner ces derniers. Parfois, ces « matagots » ont des allures de chat et vivent dans l'ombre des sorcières. Ils sont réputés pour leurs actes souvent facétieux. Sagement, le français signe pour farfadet, qu'il qualifie d'esprit follet. Sont-ils réels, comme le prétendent ceux qui ont été confrontés à leurs manifestations diaboliques ? Ceux qui ont rencontré des élémentaux défendent la véracité de leur apparence. Sont-ils purement imaginaires comme l'entend le bon sens ?

— Farfadets ou lutins :

Selon les lieux, le petit peuple, comme aiment à l'appeler certains conteurs, prend des noms bien divers. Dans les Vosges, il s'agit de *sotré*. En Béarn, les lutins deviennent *laminaks*. On les décrit comme pas plus gros qu'une mouche ! Ils bourdonneraient pour indiquer que leur travail est achevé. Il n'y a pas plus laborieux qu'eux. On raconte qu'ils construisaient jadis des ponts la nuit. Ils ne devaient, à aucun prix, être surpris par le chant du coq. Généralement, ils ensorcelaient les volailles qui, déboussolées, oubliaient leur mission. Parfois cependant, l'envoûtement ne tenait pas et inexplicablement, les *laminaks* disparaissaient…

Sans avoir fini leur pont !

À l'origine du conte, n'y aurait-il pas quelque souvenir émerveillé des confréries secrètes de frères pontifes, chargées d'ériger ces œuvres d'art, au mépris du danger ? Pont Saint-Esprit doit à ces ouvriers talentueux vingt-cinq arches qui continuent à défier le démoniaque Rhône, où se dissimule l'inquiétant Drac.

D'aucuns classifieraient les lutins parmi les créatures du Diable !

Leur petitesse n'est pas sans rappeler les mystérieux papillons microscopiques et somptueux qu'une gouvernante nommée *la Fée aux gros yeux,* selon George Sand, prétendait côtoyer tous les soirs et tenter de faire découvrir à une fillette, plus encline à s'attacher aux faits rationnels.

En langue bretonne, tout se complique, car on conserve, avec acharnement, un vieux fond gaulois. Ici, on insiste aussi sur le nanisme de l'intervenant. *Corro* veut dire « nain », mais il y a souvent confusion avec *coro* (= pointu, fermé, avare). Cela entraîne d'inévitables dérives, car les *kérions*, les kérionets, les koriaquets et autres korrigans sont censés fondre de l'or dans les profondeurs enténébrées des dolmens. Devons-nous en conclure qu'ils sont à la fois nains et cupides ?

Ils sont parfois simplement farceurs, comme le démontre le conte *L'Autel druidique*, où ils sont décrits avec verve : « *Ces Couriquets, courils, corniacets sont des petits génies malfaisants, à la peau ridée et velue, à la tête difforme, aux jambes grêles et décharnées, qui la nuit tournoyant dans les airs sur leurs ailes noires et dentelées de chauve-souris, y forment mille cercles magiques qui se mêlent, qui se fondent, qui s'effacent l'un dans l'autre au milieu de cris aigus et de rires lugubres comme le vent qui siffle à travers les ruines.* »

Un jeune gamin, pris dans une tempête, s'abrite au sein d'un dolmen. Toutes ses angoisses ataviques surgissent. L'autel druidique où l'on immolait des victimes, d'abord. Puis les dires effroyables du grand-père à propos des actuels occupants des lieux, ici les *Couriquets*.

Leurs proies favorites sont les tailleurs bossus. Depuis que l'un d'entre eux a su arranger leur comptine sur les jours de la semaine qui se bornait à « lundi, mardi, mercredi ! », en y ajoutant « jeudi, vendredi ! » ce qui lui a valu de perdre sa bosse et de devenir un parti convenable, d'autres sont allés tenter leur chance. En fait, ils ont réussi à importuner ces êtres méchants et colériques qui se moquaient bien de samedi et dimanche. Les malheureux infirmes se sont retrouvés affublés de tares nouvelles et encore plus laids qu'auparavant ! Il existait pourtant une phrase magique qui aurait fait cesser tout enchantement et rendu l'endroit enfin paisible. L'a-t-on trouvée et prononcée ?

En bref, le jeune Corentin passe une folle nuit de terreur et au matin, quand il ressort, hirsute et terreux, du dolmen, il effraie les paysans qui le prennent pour un *Couriquet*...

Comme les fées, les lutins se cachent dans les talus, sous les pierres levées, dans les racines ou les trous des arbres. Seule leur petitesse permet de ne pas les confondre avec leurs aînées. Il leur arrive également de se livrer à d'ignobles charivaris dans les maisons et à des facéties d'une cruauté inouïe à l'encontre de légitimes occupants des lieux. D'aucuns mettent pourtant ces troublants phénomènes de hantise au crédit de la Trève ! Celle-là, sans doute, vaut-il mieux éviter de l'évoquer.

Le lutin (letien, en Auvergne) est un petit être tellement taquin, brouillon et remuant que le Diable l'avait mis à la porte de l'Enfer. Il faisait aux gens toutes sortes de méchants tours, soufflant la chandelle, brouillant les écheveaux, détachant les vaches, nattant les queues des chevaux...

Annette Lauras-Pourrat

— Les gnomes :

À côté, les gnomes se révèlent, eux aussi, sournois, difformes, diaboliques et grincheux à l'instar des nains. Ont-ils, comme le prétend la fable, la mainmise sur les mines, les souterrains, les pierreries et les trésors ? Assurément, ils savent rendre visible l'invisible. Ils finissent par devenir le symbole de l'intuition, de l'imagination, de l'inspiration.

— Les gobelins :

Quant au gobelin, voici un génie domestique qui se cache dans les recoins des maisons, ou derrière le mobilier, voire dans l'âtre. Nul ne sait s'il est disposé à faire le bien et à aider aux tâches ménagères, ou le mal et à semer la pagaille. Il faut éviter de le confondre avec le génie (*genius* en latin) qui accompagne tout homme et que le christianisme a voulu remplacer par l'ange.

Il existe beaucoup d'esprits de la Nature. Mais si on tient à rencontrer ces êtres étranges, il faut savoir faire preuve de courtoisie à leur encontre. Ils sont un tantinet susceptibles ! La conteuse Corinne

Duchêne a, d'ailleurs, rédigé des *Recettes pour bien se tenir en présence du petit peuple*. Ainsi, ce dernier rassemble d'innombrables créatures, qui portent des appellations variées selon les régions ou les pays. Elles puisent toutes au vivier des mythologies grecque, romaine, celtique ou nordique. Il semble vain d'en faire la nomenclature. On oubliera toujours le plus irascible d'entre eux et il se fera un malin plaisir à vous rendre la vie infernale !

Le minuscule *drac* qui lutine sait devenir le terrifiant cheval dont l'encolure s'allonge à volonté et emporte ses passagers en une course diabolique vers la mort sans appel. Et l'on voit ici certains esprits de la Nature puiser dans le monde animal leur aspect singulier.

La nature est un temple... Et d'innombrables entités la peuplent.

Sources, lacs, rochers, forêts abritent d'autres manifestations du petit peuple. De grands êtres, également, hantent la nature, bosquets, coteaux, collines accortes ou impénétrables forêts. Les Dryades et les silvains vivent dans les bois, alors que les Oréades préfèrent les montagnes. Selon la mythologie grecque, les Dryades et les Hamadryades sont les nymphes des chênes. Les frênes et les pommiers ont aussi leurs fées qui suivent chaque arbre de sa naissance jusqu'à sa disparition. Un même état d'esprit prévaut chez les Celtes. Certains contes médiévaux s'en font l'écho. En revanche, les silvains, à Rome, se cachaient dans les bois pour effrayer les promeneurs. Était-ce méchant ? Était-ce bon enfant ?

La Terre mère, sous les traits de Dame Nature, demeure la grande inspiratrice… La lune, sa consœur, prend le relais, ajoutant mystère et fantasmagorie à la noire nuit peuplée de créatures inquiétantes, sinon dangereuses, voire nuisibles.

Évoquons donc les Masques malfaisantes et les Vouivres inquiétantes. Les premières s'apparentent aux sorcières qui manipulent les énergies. Malgré la clarté qui règne en maîtresse sur les paysages provençaux, ces entités féminines sournoises se sont emparées des lieux, jouant avec la moindre plage d'ombre, le moindre ravin enténébré où pousse l'érable ou le hêtre. Quant aux autres, elles puisent leur puissance de la Terre et/ou l'Eau. Ceux qui sont pragmatiques banalisent la « chose » en parlant de nœuds de l'énergie cosmotellurique. En revanche, les poètes adhèrent volontiers à l'idée qu'elles se contentent de s'en nourrir et qu'elles appartiennent à un autre monde, invisible aux yeux de chair.

Le comté de Nice et plus particulièrement le mont Bego et la vallée des Merveilles sont le théâtre de manifestations paranormales qui défrayent la chronique. Ce temple rupestre protohistorique est devenu *de facto* un haut lieu légendaire. Il ne faut pas simplement imputer ce trait aux terrifiantes colères du dieu de l'Orage qui sévit en ces lieux tourmentés. Une féerie qui tourne à la diablerie s'en est emparée. Le christianisme s'en mêla avec des processions et force eau bénite. En vain ! Une Masque, nommée Malvina, résista et s'offrit le luxe de pourchasser sa rivale jusque dans le vallon de Maglia. Depuis, le Diable règne tant sur les cimes que sur les lacs. Il s'en prend aux troupeaux. Les pâtres firent pourtant appel au chapelain de Saint-Dalmas pour exorciser leurs pâturages. Sept moines pieux escaladèrent le mont Bego, soufflant et priant. Ils parvinrent au sommet, difficilement. Une volée de corbeaux voila le ciel… Et tous les moines se trouvèrent pétrifiés. La Masque pouvait dormir sereine. Seuls les touristes et les scientifiques fréquentent ces sites admirables. Ils ignorent le monde des fées.

— Les Élémentaux :

Rappelons que tous les génies, esprits et fées se réfèrent à l'un des quatre éléments, ou à la Nature elle-même. Certains d'entre eux relèvent de la Terre comme les fadets, les gnomes, les nains, les lutins, ou les Cabires dans la mythologie grecque, mais également les géants. Tous sont des êtres de mystère, bavards et indiscrets, tissant quelque relation symbolique avec l'inconscient. Les fées restent les maîtresses de la magie. Elles savent devenir sorcières, comme Malvina ou les *banshee* en Irlande, ou demeurer angéliques. Toutes se réclament de la Terre mère ou encore de la Lune, sa comparse.

D'autres entités ont des liens avec l'Eau, comme les vouivres, les naïades, les ondins, les ondines, ou les nixes. Les ondines demeurent plus ou moins malfaisantes, égarant volontiers leurs soupirants, illustrant les sortilèges de l'eau et/ou de l'amour. Pour les distinguer des humaines, lorsqu'elles dansent en rond, la nuit dans l'herbe humide de rosée, il convient de regarder l'ourlet de leur robe. S'il est perlé d'eau, il s'agit d'une fée et il vaut mieux s'en défier ! Citons encore les Hyades, nymphes de la pluie, dans la Grèce ancienne. Mélusine apparaît comme la figure emblématique de ce groupe.

À l'Air appartiennent les elfes, nombre de nymphes, les sylphes et sylphides. Les Nymphes sont des divinités de la naissance, dans la mythologie. Elles correspondent à l'aspect féminin de l'inconscient et/ou à l'héroïsme. Elles ont une fonction initiatique prépondérante, présidant aux âges de la vie. Les elfes, issus de la mythologie nordique, esprits de l'Air, mais sortis de la Terre ou de l'Eau, ont des formes longilignes. Ils évoluent la nuit dans les bois ou les prairies et dansent en rond, emportant les imprudents à travers des portes entre les mondes, ou vers le trépas. Quant aux sylphes, dont Paracelse a longuement parlé, ils peuvent se vanter d'être railleurs et de se livrer à des facéties espiègles ou méchantes envers ceux qui les fréquentent. Il n'est pas rare de les apercevoir au sein d'impénétrables forêts. Mais, il ne faut pas le dire !

Restent les esprits du Feu. La salamandre, naissant et renaissant du feu, l'alimentant et l'éteignant tour à tour, en livre l'aspect pétulant. Un animal, de la famille des tritons, devient, pour les Cabalistes, l'esprit même du Feu, l'essence de chaque parcelle ignée. Ce génie, qui a une longévité extrême, sert les sages avec efficacité et discrétion. À la fin, il devient l'emblème de la pierre au rouge…

Bien que malicieux, le petit peuple n'est pas foncièrement mauvais. Il faut seulement l'apprivoiser. Hélas, l'homme, ignare et imbu de lui-même, ne sait jamais apprécier les dons qu'il fait parfois, comme en témoigne la nouvelle de Charles Baudelaire, *Les Dons des fées*.

Plus grave, si l'on en croit un songe d'Edgar Allan Poe, dans *L'Île de la fée*, la féerie tout entière semble menacée, surtout si l'on ne sait plus croire en sa beauté et en son sempiternel retour : « *Mais à la fin, quand le soleil eut totalement disparu, la Fée, maintenant pur fantôme d'elle-même, entra dans son bateau, pauvre inconsolable ! dans la région du fleuve d'ébène, — et si elle en sortit jamais, je ne puis le dire, — car les ténèbres tombèrent sur toutes choses, je ne vis plus son enchanteresse figure. »* (*Nouvelles histoires extraordinaires*).

UNE ÉTRANGE FÉE

L'histoire se passe à Rousset, tout près d'Aix-en-Provence, aux alentours de 1210 et elle est racontée par Gervais de Tilbury.

Un jour, le seigneur Raymond de Rousset se promenait à cheval le long de la vallée de l'Arc, lorsqu'il rencontra une dame d'une grande beauté, montée sur un palefroi richement orné. Dans un échange de salutations, le seigneur se permit quelques propos osés à l'encontre de la dame, mais celle-ci lui répondit qu'elle lui accorderait ses faveurs, lorsqu'ils seraient unis par les liens du mariage.

Pris de passion, il accepte, malgré la condition restrictive que la femme met : il ne doit pas chercher à la regarder nue. La richesse et les honneurs l'attendent s'il respecte sa promesse. En revanche, une vie de misère lui est promise s'il manque à sa promesse. Des années durant, il reste scrupuleusement lié au pacte, mais un jour en rentrant de la chasse, il souhaite contempler sa femme nue dans son bain.

Il soulève donc le rideau et aperçoit une « serpente » qui s'enfonce progressivement dans les eaux du bain et disparaît à jamais.

Voici maintenant quelques commentaires :

Tout mariage est l'union du feu (ou du soleil) et de l'eau (ou de la lune). La chanson en a conservé la trace :

> *À la mitan du lit,*
> *La rivière est profonde,*
> *Tous les chevaux du roi*
> *Pourraient y boire ensemble.*

Elle retrace d'ailleurs, sous une forme édulcorée, l'aventure de Tristan et Iseult, ou celle de Mélusine et Raymondin. La trame existe déjà dans la mythologie celtique, avec les amours de Rhiannon et Pwyll. Ils se rencontrent sur le tertre funéraire familial et s'y marient ultérieurement. Ce dernier, qui abrite la chambre funéraire, est toujours érigé en fonction de la présence d'un courant d'eau souterraine. Tout édifice sacré unit l'eau et le feu.

Ainsi, l'on aboutit à la « chambre des dames », sous laquelle passe une rivière. Chenonceau adhère à ce projet.

Ici, à Châteauneuf le Rouge, il y a une source dans le château lui-même. Elle alimente des prairies et un labyrinthe où s'ébattent des êtres féériques, le plus souvent discrets, sauf quand une aube brumeuse tisse un voile sous lequel il est aisé de se dissimuler ou de faire une discrète apparition. Rappelons, pour finir, que Châteauneuf et Rousset ont été liés à un moment de leur histoire, quand deux frères ont possédé les deux châteaux voisins et que leur possession a été élevée en marquisat.

FEMME-CYGNE

Autre temps, autres mœurs ou autre métamorphose, celle de la femme en oiseau. N'est-ce pas le pendant de la fée-serpente ? Cette trame pourrait remonter aux âges les plus obscurs, si l'on en juge par les pendeloques en forme de cygne, trouvées à Malta (Sibérie). Ces deux espèces, antagonistes, ont su alimenter un légendaire et une iconographie dès la fin du paléolithique. La trame, ici, se veut banale dans sa simplicité. Des êtres surnaturels, ayant l'apparence de femmes, se transforment en oiseau. Un homme, le plus souvent un chasseur, pour mieux assurer une antiquité qui se perd dans la nuit des temps, épie celle-ci alors qu'elle se baigne dans une claire fontaine ou un lac aux troubles eaux miroitantes. La jouvencelle a déposé son manteau de plumes…

Elle est nue, aguichante et sans défense ; parfois des compagnes l'entourent. Sans violence ni méchanceté, mais par curiosité, l'homme s'empare de la vêture de la femme divine et la cache dans un buisson.

Quand les ébats de ces belles dames sont terminés, toutes reprennent leur plumage sauf celle qui en a été dépossédée. Toutes s'envolent pour rejoindre leur espace-temps. L'une d'entre elles demeure, condamnée à rester sur terre jusqu'à ce qu'elle retrouve sa vêture et puisse rejoindre les autres.

Ce type de conte se retrouve en Sibérie, mais il a une valeur ubiquiste, en particulier en Eurasie. Il donne un sens particulier aux pendeloques en forme de cygne, trouvées à Malta (Sibérie), et qui demeurent en lien avec la déesse mère. Certains auteurs pensent que l'origine du motif serait à rechercher en Inde, mais l'on a tendance à oublier les siècles obscurs de la préhistoire où l'écrit n'existait que sous forme de traits et de symboles. Il est vrai que les Apsaras, nymphes ou déités de second rang, se dévoilent le plus souvent sous la vêture du cygne, quand elles délaissent leur apparence féminine attrayante, où elles avaient la séduction comme mission, pour regagner le monde des dieux et leurs amis ailés. Ajoutons que les plus anciennes mentions viennent de textes de l'Inde ancienne.

Sachons aussi qu'elles viendraient du pays des morts, tout comme la merveilleuse Fand, de la mythologie celtique. La limite entre au-delà et Autre monde demeure floue et incertaine. Cuchulainn, comme toute la cour, se doit de rester dans l'enceinte de Tara. C'est Samain, le temps où les mondes s'interpénètrent si l'on a le malheur de sortir d'une triple enceinte magique et où l'on risque de disparaître à tout jamais dans une autre dimension. Il s'ennuie et avec son cocher, il tire des traits en direction de deux cygnes qui volent au-dessus de leurs têtes. En vain ! Il s'arme alors d'un javelot et blesse l'un de ces oiseaux. Un instant, ils se posent et invitent le héros dans le même lieu et dans trois mois. Au jour dit, Cuchulainn se rend au rendez-vous et une femme exceptionnellement belle lui propose un exploit à accomplir.

C'est ainsi que Cuchulainn suit Fand et sa compagne Libane en un lieu qui échappe à toute description, après avoir envoyé en reconnaissance un de ses amis. On ne se méfie jamais assez des créatures qui évoluent dans d'autres sphères ! Fand est l'épouse de

Manannan mac Lir, dieu-roi des morts, et elle s'ennuie en son palais, d'autant plus que son époux lui a rendu sa liberté. Le combat magique est un prétexte. Pendant six mois, Cuchulainn vivra avec elle. Puis l'épouse du champion, Emer, folle de jalousie, fera un tel scandale pour récupérer son mari, mettant en émoi tous les druides de Tara, qu'elle obtiendra gain de cause.

Trois, sept ou neuf filles ont le don de se métamorphoser en cygne, oie, grue, ce qui sous-entend un lien avec le chamanisme arctique. Un riche légendaire se constitue avec des anecdotes inventives. Parfois, des oies sauvages, émues de la détresse de la femme surnaturelle, lui donnent une partie de leur plumage pour que la prisonnière puisse s'enfuir ; elle demande alors à ses enfants de devenir chamans. N'ont-ils pas un guide fameux pour les accompagner sur les chemins de leur initiation ?

ESPRITS DE LA NATURE

Lortre, Rartre, Zarle : des homoncules ou des gnomes dans le jardin des vacances. Aujourd'hui, les fées ou les ondines se glissent parmi les presles, auprès de la source du Mirail. N'est-ce pas « merveille » comme le nom l'indique que cette eau jaillissante et intarissable même au cœur de l'été, alors que le vallon des Vaucèdes, profond ravin où poussent des arbres noirs, a perdu (à jamais ?) l'élément vital qui l'alimentait ? L'humidité persiste cependant, venant de profondeurs abyssales. Au Mirail, l'eau sourd, venant de la roche, murmure à peine audible, bulle que la libellule contemple. Quelques pas plus bas, s'élève le grondement tumultueux d'un torrent qui dévale en rugissant. Pourtant, il n'y a que de rares cailloux. Et le débit est moyen. Pas de quoi faire autant de bruit. Des flaques, plus calmes, où s'ébattent les têtards et que convoitent de diaphanes créatures féériques, s'étalent par endroit, au sein d'une végétation touffue. Elle vous agrippe comme si elle tenait à vous livrer en pâture à quelque ogre caché. Parfois une rouille rouge s'en vient recouvrir l'étroit espace plat qui sert de lit à cette masse d'eau évolutive qui s'écoule vers son incertain destin. À force d'orages, le sentier que les humains s'étaient frayé dans une végétation généreuse s'est vu creusé pour devenir le nouveau lit de cette ruisselante énergie. On s'imprègne de l'odeur végétative des présences immatérielles. On tente un difficile passage. On plonge dans un monde inconnu où le nord n'existe plus, où le ruisseau coule par cent canaux, où la végétation envahit tout, victorieuse d'un humain qui, le plus souvent, la bafoue. Ici elle prend sa revanche et les ronces déchirent allègrement les visages ; les feuillages sont si serrés que le soleil tente en vain d'éclairer le drame existentiel qui se joue dans la touffeur de bosquets aux mines patibulaires. Qui capitulera ? Qui triomphera ? Dure loi ! La Nature a, pour elle, la puissance de son immobilisme. Au quotidien, on ne s'improvise pas enchanteur et on ne fait pas danser les arbres…

ÂME DE LA NATURE, ESPRITS DE LA NATURE

La planète est un organisme vivant. C'était l'opinion des peuples préhistoriques et cela redevient actuellement une hypothèse scientifique. La Terre est-elle vivante par elle-même ou l'est-elle du fait d'innombrables créatures qui la peuplent ? Notons des espèces matérielles, comme les humains, les animaux, les arbres et les minerais et minéraux, ou des entités immatérielles comme les âmes égarées ou les esprits qui se terrent dans les grottes, les montagnes, les bois, les sources, les lacs ou encore les sites sacrés. Ajoutons quelques déités, pour faire pleine mesure !

Un autre aspect se dévoile dans l'opposition Gaïa (la Terre des premiers jours, la planète ou encore la Nature dans son côté sauvage et inviolé) et Déméter, mère de l'agriculture, d'une terre labourée et de la civilisation. Nature et culture entrent perpétuellement dans un jeu de contrastes. Rappelons que « nature » et « naître » ont la même racine et que matière et mère ont également une origine commune — Mater (la Mère), qui sait devenir la Mort. Dès lors, la Terre Mère est vécue comme un réceptacle de vie et/ou de mort. Ici, la caverne joue un rôle primordial, au temps des cavernes, justement. On peut ouvrir une porte en son sein, car elle recèle minéraux et minerais. Elle est sacrée. Le postglaciaire donne sa place à la forêt, luxuriante, immémoriale, primaire et primitive. Elle devient la nouvelle gueule prête à tout dévorer avec un appétit immodéré.

Rappelons l'anecdote du chasseur d'Afrique noire, aussi assoiffé que ses deux chiens. Il aperçoit, à l'orée du bois, une cabane et prétend quémander un peu d'eau. Il toque à la porte. Et quand il entre, il voit une sorte d'ogresse, laide et monstrueuse, avaler la nourriture par trois gueules d'une vastitude et d'une profondeur ahurissantes. Il prend ses jambes à son cou, rentre chez lui, à jamais déçu des plaisirs de la chasse. La Nature, la forêt savent parfois se dévoiler ainsi.

— Âme de la nature :

La Terre, ou Mère-nature qui constitue notre environnement immédiat, suscite des émotions ambivalentes. Elle se révèle tour à tour protectrice par les dons qu'elle apporte, la nourriture, l'abri, l'eau, et destructrice ou monstrueuse par les catastrophes qu'elle déchaîne sur les malheureux humains, en proie à la neige, au vent, aux tempêtes, à la sécheresse ou aux inondations. Au chaos on oppose le jardin d'Eden. Après les terribles périodes glaciaires où la survie se trouvait chaque jour remise en question, vint un climat tempéré qui permit la venue d'innombrables plantes et arbres dont les fruits ou les grains étaient comestibles. La Terre est ensemencée (semence ayant le double sens de semailles et de germes) : voici l'âge d'or. Déméter se substitue à Gaïa, sans que la conscience de la sacralité de la Mère ne soit altérée. Est-ce cette dévotion inaltérée au fil des ans qui génère ou entretient l'âme de la Nature ? Est-elle d'un autre ordre ou d'un autre plan ?

Partons du début. Une atmosphère sacrée se niche dans chaque élément de la nature qui nous environne. Il est question d'animisme. L'homme préhistorique avait tendance à croire que tout ce qui l'entourait était animé, vivant, empreint de force (de *mana*). Il y avait toujours une interaction entre ces entités et ce qu'il faisait lui-même. La grotte, le ciel, les nuages, le fleuve, les arbres avaient une valeur sacrée, en raison de ce pouvoir. Et l'homme confectionnait des objets magiques pour rivaliser avec cette puissance obscure qui se révélait tantôt bénéfique et tantôt maléfique. Dans cette conception du monde où toute matière était vivante, il fallait, par ailleurs, se concilier des esprits auxiliaires, des gardiens ou des guides. Le chamanisme s'inscrit logiquement dans un contexte d'animisme. Un culte était rendu à la Terre Mère dans son aspect de maternité et de féminité divine. Les statuettes de « Vénus » apportent le témoignage de don de la vie qu'elles détiennent potentiellement. Dans ce contexte archaïque, tout est « esprit ». Et la prophylaxie, une nécessité absolue.

Ensuite, l'image de la déesse ou de la Terre Mère change avec l'apparition de l'agriculture, non pas sur le plan iconographique — il y a toujours des figurines de femmes plantureuses et aux attributs féminins mis en valeur —, mais sur le plan symbolique. La Terre n'est plus seulement mère d'enfants et d'animaux, mais elle est mère de blé et de vigne. Et l'on glisse d'une entité écrasante de puissance, l'énorme Gaïa, à une mère civilisatrice, la fluide Déméter, opulente et généreuse, mère du pain. Celle-ci ne suffit pas à sa charge, sa fille Koré l'aide dans sa tâche. Toutes deux introduisent les Mystères, directement issus du chamanisme. Elles s'entourent d'une pléiade de divinités qui œuvrent tout particulièrement dans les replis sauvages d'une nature peu à peu conquise. Le plan divin se structure, même si la Terre, le Soleil, la Lune demeurent prépondérants, dans leur immuabilité. Ce sont les luminaires qui nous éclairent, la planète qui nous porte. Cela entretient une religion officielle où l'élément masculin finit, un jour, par l'emporter, jusqu'à l'idée d'un dieu unique. La Déesse devient sa parèdre et peu à peu déchoit à ce second rôle. À côté, tout un petit peuple d'esprits va s'ébattre en toute quiétude, diabolisé par les uns et enchanté pour les autres. Ne sont-ils pas l'âme même de la Nature ? Ce qui la rend si vivante au plan immédiat de notre « microcosme ».

La croyance en un seul Dieu conduisit à la mort programmée de la Terre en tant qu'organisme vivant. Il n'y a plus de place pour une déesse animée. La notion de « Dieu » est abstraite et transcendante. Adieu le Paradis, idéalement planté d'arbres, où les animaux vivent en bonne intelligence. Voici le triomphe d'un Esprit qui sépare les ténèbres de la lumière. Un dieu créateur devient nécessaire pour expliquer la genèse du monde. Or, la Vierge Mère n'avait besoin d'aucun dieu pour enfanter. Rappelons que la matière et la nature se suffisent à elles-mêmes et demeurent à l'origine de toute chose.

Plus significatif, bien que paradoxal, l'apparition des dieux, puis d'un seul Dieu entraîne la perte du sacré. Cependant à la fin, la vertu de cette désacralisation aboutit à supprimer le concept de « dieu » dans les disciplines scientifiques. Suit l'empire croissant de l'argent, le dieu actuel vénéré à la Bourse, ce qui accroît encore la désacralisation de la Terre. Désormais et selon ce schéma, l'homme se mit à dominer la nature, à la réduire en esclavage, à posséder des biens et des personnes, renforçant le lien symbolique entre la chasse et la guerre, suscitant des rêves de domination et de puissance. Le monde (ou la Terre) devint « machine ». On oublia les antiques cathédrales, issues des temples et des mégalithes. On ferma les portes entre terre et ciel. On récusa la nature animiste et le concept du microcosme intégré dans le macrocosme. Un univers structuré devint une banale théorie mathématique, selon laquelle la matière est en mouvement. S'instaura le détachement de la Nature. La carte se substitua au territoire. Pour comble, les scientifiques se conçurent comme des esprits désincarnés incapables d'interférer sur leurs expérimentations. Et le matérialisme sévit dans son sens le plus éhonté…

Par chance, une tentative de renversement des valeurs se produisit. Les terres vierges, les selves séduisent les aventuriers. Le romantisme renoue avec la Nature. Des archétypes féminins archaïques refont surface. Paradoxalement, le concept qui affirme que seule la matière est réelle permet à la Grande Mère de renaître de ses cendres, sous d'autres noms tels qu'Économie ou Environnement. Dès lors, les vieux schémas de pensée mythique ou animiste reviennent en force. On reprend Aristote qui parle de *natura naturata*, la nature, et de *natura naturans*, elle, d'origine divine.

— Renaissance de la nature :

Après ce tournant évolutif, la Nature revit, tant dans le domaine scientifique que dans celui de l'animisme. La loi de l'attraction universelle introduit le concept de champ électromagnétique. Puis le terme de « champ » vient recouvrir celui d'âme. Enfin, Einstein étendit encore la notion de champ — continuum spatio-temporel. Par ailleurs l'énergie est une constante universelle. Aujourd'hui, on parle d'une énergie universelle unique, apparaissant sous des formes diverses. La Nature se manifeste comme un champ d'énergie.

Reste la question de la matière noire. Elle paraît mystérieuse dans la mesure où l'on est impuissant à l'appréhender, en dépit de sa présence. Elle a la puissance d'un archétype de la Mère noire destructrice et s'apparente à Kali.

La question de la vie a évolué au cours des âges. La force vitale qui caractérise celui qui vit par rapport au mort est une forme d'énergie. Cependant, le développement et la régénération posent question, d'où l'idée de la résonance morphique, qui ne s'épuise pas avec la distance et suppose un transfert d'information. Éternité et évolution s'opposent. Les paradigmes proposent : ce qui est éternel ne change pas vraiment, en revanche, ce qui évolue se modifie sans cesse.

En réalité tout est lié et tout est issu d'une source commune. Oublions l'explosion cataclysmique du big-bang. La mythologie traditionnelle parlait de la division d'une unité originelle ou de l'ouverture d'un œuf cosmique. Les lois de la nature obéissent à un principe fondamental — le principe mère est le chaos primordial (ou le vide plein). Les sages d'Égypte ou de Mésopotamie formulaient déjà une pensée voisine, visionnaire.

Actuellement, on redécouvre la terre vivante, en particulier avec les vues aériennes. On admet que la terre soit dotée de vie, bien que l'on soit incapable de distinguer le vivant du non-vivant, dans ce cas-là. La Terre est un organisme autorégulateur. Tous les organismes vivants qui la peuplent interagissent — voici la biosphère. Il y a un développement de Gaïa. Est-elle consciente, avec une conscience différente de la nôtre ? Est-elle inconsciente ?

Pour sa part, l'être humain vit selon des rythmes dans des lieux sanctifiés par le rite ou la tradition. Les fêtes saisonnières appartiennent à cette approche. Les rituels entretiennent un lien entre passé et futur. Plus significatifs sont les esprits des lieux qui rendent sacrés certains espaces. Ils se concentrent dans des zones spécifiques et ont pour nom fée, naïade, elfe, etc. On peut les appréhender comme des champs morphiques. Quelques sites sacrés ont une résonance particulière et ils sont séparés du monde profane par une barrière infranchissable. La géomancie permet de vivre en harmonie avec son espace-temps.

Dès que l'on admet que la Nature est vivante, on constate qu'elle est beaucoup plus créative que nous. C'est une sorte de Grande Mère, dont témoigne le culte à la Vierge Marie, toujours vivace. Le principe féminin domine largement. On peut transcender cette approche en la considérant comme un tout qui englobe le masculin et le féminin. La notion de créativité évolutive, qui suit la flèche du temps, a un effet de réciprocité sur les principes masculin et féminin. Un principe unitaire englobe la Nature entière.

Il faut parvenir à centrer notre perception non plus sur l'homme qui n'est pas le nombril du monde, mais sur le monde vivant, oublier l'humanisme pour revenir à l'animisme. Renouons avec la Nature, tâchons de nous sentir en harmonie avec ce qui nous entoure. Les esprits de la Nature ne seront plus du domaine des contes de fées. Sachons les accueillir.

— *Esprits de la Nature :*

À un niveau très proche de nous, innombrables sont les créatures invisibles qui peuplent la nature. Quelques-uns ont la faculté de les appréhender alors que pour d'autres, il ne s'agit que du fruit de l'imagination. Parlerons-nous des *devas* (« Lumières brillantes ») qui sont des entités de lumière en Inde ou des démons en Iran, des *Apsaras* aux ailes d'or qui enchantent la mythologie orientale ? Parlerons-nous des si nombreuses divinités, faunes, dryades, naïades, sylvains, nymphes ou oréades, qui hantent les bois, les forêts, les sources, les arbres et les jardins dans les mythologies grecque ou romaine ? Parlerons-nous des animaux fantastiques, licornes, basilics, griffons ou dragons ? Nous nous en tiendrons, pour l'heure, aux esprits tantôt bienfaisants et tantôt malfaisants qui peuplent la nature sauvage de nos campagnes.

S'agit-il de divinités ? S'agit-il d'âmes ou d'esprits fugaces liés aux arbres, à des lieux étranges, aux espaces sacrés que l'homme aménage, aux montagnes dont la majesté l'interpelle ? S'agit-il d'émanations de la Nature ou de la Terre elle-même ? S'agit-il d'ondes électromagnétiques qui parcourent divers lieux de la planète ?

Nombreux se dévoilent les esprits de la Nature. Comme leur nom l'indique, les Élémentaux s'associent aux éléments ; ils sont au nombre de quatre classes. Esprits élémentaires, sont-ce des créatures imaginaires ? Les ondes vibratoires propres à l'un des quatre éléments leur donnent forme. Il faut bien admettre qu'il existe, en dehors du champ visuel, des entités qui apparaissent sur le fondement de fréquences invisibles à l'œil. Toutes les cultures évoquent ces êtres de la nature et leur interaction avec le genre humain. Est-ce faribole, née de l'imagination d'êtres encore à peine sortis de l'enfance de l'humanité ? Est-ce perception d'un environnement que la physique quantique nous permet aujourd'hui d'appréhender, sinon de voir ?

Pour résumer, les Sylphes évoluent dans l'Air, les Ondins dans l'Eau, les Gnomes sur Terre et les Salamandres dans le Feu. En fait, tout s'avère bien plus complexe que cette approche simpliste. Précisons que pour certains, un individu un peu doué peut susciter ses propres Élémentaux et leur confier des tâches à accomplir. Mais ceci est une autre histoire où la magie intervient.

— L'animisme :

Ces aspects relèvent de l'animisme. Actuellement, les anthropologues dénient l'animisme comme approche religieuse de la nature. Voici un système de pensée qui veut que chaque chose et chaque être vivant soient animés par une entité spirituelle ou une âme, et dotés d'une personnalité. Au XIXe siècle, la définition en était : « croyance en des entités naturelles ou surnaturelles, non humaines, et possédant une âme et des intentions ». Selon le cas, ces esprits peuvent être bons ou mauvais. L'aboutissement de l'animisme se révèle dans le polythéisme, religion usuelle de l'antiquité. Cela, dans le plan de l'historicité. La déification des forces de la Nature semble bien un pas de plus par rapport à « l'animation ». Cependant, le polythéisme restreint beaucoup le champ d'action. Les objets cessent d'avoir une vie propre. Ils peuvent être sacrés et avoir une fonction dans les rituels et le culte, ou n'avoir qu'un rôle ordinaire dans la vie quotidienne. D'aucuns lient chamanisme et animisme. Or, celui-là n'est pas une religion, mais une institution — on est chaman comme on est prêtre.

Et l'animisme peut être considéré comme une religion. Les chrétiens du VIe siècle ont bien usé du terme paganisme pour qualifier tout ce qui n'appartenait pas à leur religion. Pour beaucoup, le mot viendrait de « paysan » (*paganus* en latin) et aurait un sens nettement péjoratif, le christianisme étant la seule « vraie » religion. Le mot « paganisme » s'applique aux religions antiques. Ce n'est que plus tard que les chrétiens ont été confrontés à l'animisme régnant dans certaines zones lointaines de la planète que l'on découvrait. Ce dernier est bien un système ontologique propre à des populations jugées « primitives ». Et peut-être fut-il à l'honneur au temps de la préhistoire ?

Toujours est-il que l'animisme, actuellement, connaît un regain de vigueur, parmi d'autres croyances. Une certaine confusion entoure ces nouvelles pratiques, qui tiennent plus du rituel que de la « religion » à proprement parler. Néopaganisme, Wicca (le mot signifie « sorcière » dans les langues germaniques), renouveau du culte de la Déesse-Mère et/ou du polythéisme. Cependant, l'animisme occupe une place spécifique au sein de toutes ces convictions, qui prônent une certaine forme de retour à la nature, ne serait-ce que comme espace-temps sacré, où le rite magnifie la foi. Et où la Nature reprend sa position de Souveraine dans un univers par ailleurs désacralisé, déshumanisé. L'animisme rend vie aux esprits. Non pas à la manière de ceux qui « humanisent » leur robot et lui parlent comme à un enfant. Mais en honorant et déifiant toutes les forces de la Nature.

ESPRITS DE LA NATURE, DES ARBRES, DES LIEUX

C'est le monde des Esprits du chamane, du monde des dieux du Druide, où l'on trouve entre autres, les Élémentaux, esprits liés à la terre, à l'Air, à l'Eau, au Feu, que l'on appelle « les Esprits de la Nature ».

Ces Esprits de la Nature, souvent relégués au rang de légendes populaires, sont aussi tangibles que vous et moi, mais ne sont pas faits de matière, ils ne sont qu'énergies subtiles, esprits, champs d'informations, et n'existent que sur d'autres plans à d'autres fréquences vibratoires. Nous pouvons interagir avec eux, comme le faisaient nos ancêtres, plus proches de la Nature, en changeant notre réceptivité, en nous en remettant à nos émotions, à notre cœur, à nos ressentis. D'aucuns leur donnent l'aspect de gnomes, de fées, mais il ne s'agit là que de la façon dont notre mental traduit leur apparence. Essayez de les ressentir, avec respect, et ils vous apporteront la sagesse des temps anciens, où l'homme et la Nature ne faisaient qu'un. La Conscience, la Pure Conscience, est dans tout et contient tout.

Philippe BRARD, *Les Esprits de la Nature*

Comme ce chercheur indépendant en sciences druidiques nous y invite, nous allons donner notre approche du monde des esprits de la nature, des arbres ou des lieux. Il faut s'égarer dans les bois pour retrouver l'âme de la féerie. Qui sont-ils ? Le hêtre (ou fou), qui donne son bois aux sorciers et sorcières, sait très bien les dissimuler. Mais il n'est pas le seul et de multiples arbres fays peuplent la nature et appartiennent aux essences les plus diverses. Il arrive parfois que toute une rangée de ceux-ci, cachés dans de banals platanes, vous érigent une haie d'honneur, le matin à la pointe du jour, quand la lune gambade encore et que le soleil peine à se lever.

— Les arbres-Fays :

Ils peuvent, cependant, être menaçants, spectres que les Rois-fées ont plantés et transformés en arbres ; mais ils protègent les amours enchantées. Certains sont des hommes que les fées ont métamorphosés en arbres. D'aucuns sont couverts d'ex-voto, car ils « prennent » les maladies. D'autres ont la particularité de réaliser les souhaits. Il est usuel de déposer un ruban pour s'assurer leur bénédiction. Tous sont les gardiens entre l'invisible et le visible, et ne laissent passer que ceux qui ont quelque accointance avec l'univers des fées. Ils sont des vestiges de l'âge d'or de la féerie. Plusieurs familles sont à distinguer parmi eux et les feuillus fadés le sont seulement dans leur feuillage. De tout temps, l'homme a prêté une âme ou un esprit aux arbres. Dans ce domaine, la Grèce nous a montré la voie. Hélas ! L'homme, rationnel, a volontairement occulté tout cela.

Dans les bois du vaste domaine de Grand Saint-Jean se dresse un chêne spectaculaire. Il se nomme Amnaris. Des moignons de branches, coupées il y a au moins un siècle, donnent l'illusion de deux seins. Au-dessus se dressent deux grosses branches qui donnent à l'arbre une posture d'orant. Si l'apparence est celle d'une féminité triomphante, il ne faut pas s'y tromper, l'être qui vit ici détient une autorité toute masculine, et prétend régenter toute une zone de la forêt et jouer les protecteurs des êtres humains qui passent par là ! Voici quelque extrait de son message :

Tu m'appelles « un Arbre-Femme ». Tu as détecté cette énergie forte qui m'entoure. Comme mon frère Azaris, qui a son côté féminin, moi j'ai mon côté très masculin. Ce n'est pas une énergie douce comme Luminale, mais plutôt une puissante énergie de protection — comme une mère qui protégera toujours ses petits. Tout comme vous les Êtres humains, nous avons tous ces deux aspects — le yin et le yang, comme vous les appelez. Mon frère Azaris est un arbre plutôt guérisseur, moi je suis plutôt protectrice — et nous travaillons très bien ensemble.

Sheena Scott-Napier

— *Les Dryades, les Hamadryades, les Méliades :*

La mythologie grecque offre tant de poésie qu'il est vain de résister à la tentation d'évoquer quelques-unes des créatures qu'elle a mises à l'honneur. Ces belles dames sont des nymphes qui vivent dans et avec un arbre, sans jamais le quitter. Belle preuve d'amour entre celui-ci qui germe, croit et vit pendant des centaines d'années et un être immatériel, évanescent, éthéré que peu ont le privilège de voir, et qui a, pour lui, l'éternité. Les Dryades s'attachent aux chênes, les Méliades aux pommiers, mais d'autres encore répondent à l'appel, pour peu que nous les sollicitions. Les Hamadryades auraient une durée de vie plus longue qui peut atteindre plusieurs millénaires, comme les arbres. D'aucuns attribuent ce mérite aux Dryades. Qu'importe !

Quant aux Limoniades, elles dansent dans les prairies. Toute la nature, dans ses aspects végétatifs, est en proie aux esprits. Pour les habitants de la Mongolie, chaque brin d'herbe possède une âme. Autant dire qu'arbustes et fleurs sont hantés par des esprits. Les Florales répondent à l'appel, et parmi elles, Viviane qui a su ravir le cœur de Merlin, si l'on se fie à la légende. Enchanteresse, elle a su lui extirper, un à un, tous ses secrets. Désormais, il vit dans un monde invisible, dans une interface, dans un cercle magique dont il ne sait plus ou ne croit plus s'évader.

— *Les Dames vertes :*

Une fois la Nature agencée, son âme a voulu prendre forme. Elle se matérialise et se diversifie, d'où les dames vertes, le plus souvent minuscules et cachées, ou très grandes, royales. Elles viennent de la fleur, de la mousse, du feuillage, ont une vie élémentaire. Il leur arrive d'attirer les mortels, princes, chevaliers, manants, pour les piéger. Cependant, la réciproque est vraie et elles se laissent attirer dans des châteaux qui deviennent des prisons pour elles. Faisons cependant confiance à leurs aptitudes et à la ruse féminine. Si elles demeurent prisonnières le temps d'enfanter trois à sept bambins, elles savent disparaître, s'envoler avec les ailes de l'esprit et reprendre leur liberté.

Sont-elles attachées à la Terre, à la Nature ou à l'Eau ? Certaines d'entre elles nouent des liens avec cette dernière. Elles apparaissent sous la forme de Serpentes comme Mélusine ou de Nymphes. Nées des étendues aqueuses, qui les attirent irrésistiblement, elles puisent vigueur et courage dans leur élément. Il ne faut jamais avoir l'impudence de tenter de les admirer dans leur bain. Elles savent réagir avec violence. D'autres, en revanche, hantent forêts, bosquets ou prairies et dansent au clair de lune, vêtues de robes feuillues ou de voiles diaphanes, aériens et transparents. Celui qui a l'heur ou le malheur de les apercevoir s'égare, perd la notion du temps, et bien souvent se retrouve fadé.

— *Les Muses :*

Les Muses, pour leur part, furent trois, à l'origine. Elles se nomment Mélité, Mnemé, Aoïde, et toutes attachées à la mémoire des eaux. Les Hores sont nées de la bousculade de la pluie, de la grêle, du soleil et du vent. Thallo aime les fleurs, et Carpo, les fruits. Les Charites étaient des fées de la beauté. Ce sont Aglaé, Thalie et Euphrosyne. Puis, il vint un jour où les Muses eurent en charge les arts libéraux dans la Grèce antique. Il est vrai que lune et eau favorisent la créativité. Tous les peuples indo-européens ayant des aèdes, il leur fallait de charmantes inspiratrices pour les accompagner dans la gestation de leurs œuvres immortelles. Trop sollicité, Apollon avait besoin de leur concours.

— *Les hommes-fées :*

Dans la forêt, ce n'est pas un privilège féminin d'être « fée », être intangible, plus ou moins invisible, plus ou moins immatériel. Pour certains conteurs comme Pierre Dubois, les fées ont leurs homologues masculins, les Fatis ou Féetauds. Ils n'ont ni nom ni personnalité véritable. Peu individualisés, ils fréquentent les labyrinthes de buis ou l'orée des bois et ils se contentent d'être les époux des fées. Parfois, ils traquent le dragon. Obéron (Aubéron) est un chevalier-fée qui comble de ses largesses ceux qu'il aime ; il possède une cotte de mailles qui rend invulnérable celui qui la porte. Comme roi du monde de la féerie, il tyrannise, en dépit de sa petite taille, tous ses sujets. Et il tient, plus que tout au monde, à l'emporter sur son épouse, pour asseoir sa propre autorité. *Le Songe d'une nuit d'été,* de Shakespeare, se fait l'écho de toutes ses fantaisies et facéties, en un moment où le temps cesse d'exister, lors des festivités du 1er mai et des mariages de printemps.

Que dire des femmes-arbres ? Déesses descendues sur terre, elles ont pour mission de suppléer à la Terre mère, d'alimenter les hommes et de favoriser la vie. Cette prodigieuse transformation donne crédit à tout le légendaire grec, où d'innombrables jeunes femmes poursuivies par les assiduités des dieux n'avaient d'autre recours que de s'enraciner pour l'éternité dans la terre et de prêter leurs charmes à un arbre accueillant. Ces nymphes, nées d'une métamorphose, assumaient avec complaisance leur nouveau rôle.

Pouvons-nous rattacher aux hommes-fées, les satyres, esprits de la terre, compagnons de Dionysos et des Ménades ? Voici des êtres qui ne sont pas divins, ni franchement démoniaques, un peu farceurs comme les farfadets du folklore de nos campagnes, un peu pervers peut-être quand ils se moquent d'Héraclès. Leur physique bestial, repoussant, laid, ithyphallique, avec un visage de vieillard, barbu, disgracieux, les dessert dans une Grèce policée, s'il les avantage dans les danses orgiaques qui enflamment les zones reculées, montagneuses, sylvestres des régions plus septentrionales.

— L'Homme vert :

L'Homme vert est une figure universelle et intemporelle. Voici l'Arbre-homme, juste et sage, qui intervient dans les contes de fées pour rétablir l'équité. Au départ, il s'agit d'une strate où la relation entre l'homme et le divin passe par les forces de la Nature. Il apparaît, comme le printemps, en début de cycle et a le rôle d'initiateur, force végétative en sommeil qui s'éveille peu à peu. Osiris, Odin ou Cernunnos, puis Merlin, en sont une expression dans le monde divin ou mythique. L'art roman l'a popularisé avec un visage surgissant de feuilles d'acanthe. Actuellement, certains attendent le retour de l'homme des bois, champion des enchanteurs. Cela n'est autre que l'éternelle cyclicité de la Nature. Dans le Coran, Al Khidr se dévoile comme un saint homme ou un prophète, qui apprend la patience à Moïse. Ibn Arabi donne à l'Homme-Arbre la place d'axe du monde.

Faut-il accorder une place spécifique à Merlin, homme des bois, vivant dans quelque interface indécelable ? Nul doute qu'il se rattache au mythe de l'homme vert, même si on préfère l'imaginer avec une robe blanche, une barbe fournie descendant jusqu'à la taille et une chevelure argentée tombant en cascade dans son dos. D'aucuns, et ils n'en démordront pas, lui prêtent une existence historique au VIe siècle. D'autres vanteront ces prouesses lyriques et les assauts oratoires avec son homologue Taliesin. Il appartient pleinement au légendaire. Pourquoi ne serait-il pas devenu un Esprit hantant les forêts du Northumberland ou de Brocéliande, prisonnier de quelque rêve, entravé par quelque magie potentiellement plus savante que la sienne ?

— Le Génie :

En réalité, le mot « génie » a un sens imprécis et génère une relative confusion. À l'origine, voici une divinité mineure, bénéfique, placée au service de l'homme. Or, cette définition correspond à celle du « *daïmon* » (démon) en Grèce. Voici un double qui accompagne tout homme, au long de sa vie. Il finit par se situer entre l'esprit et le démon, au sens où le christianisme l'entend. Cependant, une acception plus large veut qu'il existe des génies des eaux, parfois sous la forme de serpent ; des génies du sol, possesseurs de celui-ci et de ses richesses ; des génies du lieu, fixés en un point singulier, dans les montagnes, les arbres, les passages, les, gués, les cols, les croisées de chemins, certaines maisons. La référence va alors à l'âme du premier occupant. Parfois, ce sont les divinités domestiques attachées à une demeure. Il convient de leur faire des offrandes alimentaires ou des présents, en remerciement de leur protection. On retrouve les génies, sous diverses appellations, sur tous les continents et à diverses époques.

L'Inde adore ces créatures qu'elle pare de merveilleux. Voici les Apsaras aux ailes d'or, des nymphes proches des eaux ; les Gandharas, leurs compagnons, talentueux musiciens ; les Yaksa et Yaksi qui vivent dans les frondaisons ; les Nagas aux allures serpentines et souvent inquiétantes. Des centaines de légendes les font revivre aux yeux d'une population avide d'un contact quasi physique avec les univers parallèles.

Si « génie » est le terme latin, « *daïmon* » se rattache à la langue grecque. Au pluriel, cette dernière expression caractérise les fantômes, les âmes des disparus, d'où une connotation positive ou négative selon le contexte et « l'occupant ». Il paraît inutile de préciser que l'Église a diabolisé le sens, neutre au départ.

Les Djinns sont omniprésents en Afrique et dans l'ensemble de l'aire musulmane. Une seule anecdote, tirée des *Mille et une nuits*, met en place le système du conte enchâssant-enchâssé au tout début du livre, et narre les démêlés d'un marchand riche et pieux, aux prises avec un djinn effroyablement pervers. Harassé de chaleur, l'homme s'était détourné du chemin caravanier pour se rafraîchir et se désaltérer à un point d'eau ombragé par un noyer. Il mangea des dattes et jeta les noyaux autour de lui. Survint un personnage, impressionnant par la taille, défiguré par la colère. Il ne cessait de répéter : « tu as tué mon fils, tu as tué mon fils et tu vas payer pour ce forfait. » Effroi du marchand persuadé d'une méprise. L'esprit s'entête et affirme qu'il a crevé l'œil de son rejeton. L'autre palabre, larmoie, supplie. Il est rodé à ce type d'exercice. Finalement, un compromis est trouvé et l'exécution est remise à l'année suivante. Au moment fatidique, des personnes arrivent de tous bords, en plein désert, pour assister au drame… Et à l'instant où la lame va trancher la tête du marchand, quelqu'un se propose de narrer ses propres aventures, ce qui distrait le Djinn… Et Shéhérazade gagne une nuit sur sa propre exécution !

NYMPHES ET APSARAS

N'avons-nous pas ignoré, dans notre nomenclature, quelque être un peu faraud, imbu de ses privilèges et doté de pouvoirs conséquents, et qui prendrait ombrage de cet oubli et pourrait sévir ? Les fées ont fait l'objet d'un long commentaire. Elles ont dîné, dormi ou rêvé, transporté des pierres dans leur tablier, et tout autant que le Diable, érigé d'innombrables édifices, dont il ne reste plus que le nom ou la légende. Elles sont liées à la Terre mère, mais subissent une influence lunaire, en se montrant de façon intermittente. Parfois, il arrive qu'elles boudent, refusent de se montrer, bref vous délaissent. En fait, cela signifie que vous n'êtes pas dans leur espace vibratoire et à un niveau qui vous empêche d'avoir des échanges.

Pour changer votre état d'esprit ou vos états mentaux, modifiez votre vibration.

Le Kybalion

Les fées relaient les nymphes de la mythologie grecque, si riche en personnalités multiples, attachantes par leur vie fantastique, leurs aventures étonnantes où la métamorphose joue un grand rôle, leur destin fabuleux. Peut-être, à ce titre, avons-nous négligé les Oréades ?

Ces Nymphes, en Grèce, vivent dans les montagnes et les grottes, en lien avec la Terre mère et l'Air souverain. À l'origine, le mot « Nymphe » désigne les divinités qui parrainent la naissance des hommes. Puis, elles désignent de séduisantes entités qui naissent à fleur d'eau. Elles finissent par dévoiler l'aspect féminin de l'inconscient, de l'initiation, de l'héroïsme. Voici des divinités proches des hommes, qui se mêlent volontiers à leur monde, voire s'entichent de mortels. Quant aux Oréades, ce ne sont pas des divinités, car elles ne sont pas immortelles. Grandes chasseresses, elles grimpent jusqu'aux sommets les plus hauts, aux falaises les plus abruptes, se jouant des précipices vertigineux comme des sentiers caprins qui s'élèvent vers les cieux. Peut-être la plus fameuse d'entre elles est-elle Écho ? Infortunée demoiselle, elle fut punie par Héra et condamnée à répéter inlassablement les fins de mots qu'elle entendait, car elle bavardait trop et donnait à ses consœurs l'opportunité de fuir à l'approche de la terrible déesse et de son impitoyable vindicte.

Nombre d'entités peuplent aussi les eaux : les Ondins et Ondines se révèlent comme des esprits des sources, en Grèce. Ce sont des fées plus ou moins bienveillantes qui égarent les voyageurs, sont liées aux sortilèges de l'Eau et de l'amour, et qui se promènent avec des tuniques toujours humides. Ne gambadent-elles pas dans la rosée matinale ? Les Naïades s'attachent aux sources. Quant aux Hyades, leur curieux destin fait d'elles un groupe d'étoiles dans le firmament et les déités de la pluie, sur terre.

Martiale, Rome préfère des esprits de la Nature aux traits virils, à l'image de Silvanus, le dieu des bois. Voici les Sylvains, habitants des bois qui effrayaient les passants, par jeu. Ou encore les Sylphes, des esprits railleurs volant dans l'Air, dansant en rond la nuit, et importunant les vivants, comme les elfes de la mythologie germanique. Paracelse s'est proposé de féminiser un peu ce groupe trop masculin et la gente Sylphide est venue apporter un soupçon de grâce, sinon de douceur dans un monde de brutes.

Peut-être avons-nous omis la Trève, cette obscure entité venue tout droit de l'Autre monde. Facétieuse, voire maléfique, elle prenait plaisir à semer la panique dans les étables ou les écuries. Elle nouait les attaches de manière indéfectible !

Restent les Ghandarvas et les Apsaras d'une Inde féerique. Ces dernières, d'un charme inouï, se devaient de séduire les mortels, en particulier les sages et les ascètes, pour éviter qu'il n'y ait trop de promus au royaume des dieux. Pour se détendre, elles avaient coutume de se distraire dans les bras d'un prince, avant de lui laisser le fruit de cette éphémère union. Il y avait toujours quelque nouvelle mission à exécuter ! Et la belle femme-oiseau s'envolait pour l'accomplir. Ainsi, le roi Pururavas et la belle Ouraçi coulaient des jours presque heureux — elle noyait tous les enfants à qui elle donnait le jour. L'époux s'en émut. Les Ghandarvas, ménestrels des dieux, aussi. Ces derniers crurent opportun de faire une farce au roi. Ils l'effrayèrent par des clameurs, si bien qu'il se jeta hors de sa couche, nu. Son épouse lui avait pourtant dicté un interdit à ce propos. Jubilant, les fauteurs de trouble reprirent avec eux une nymphe qui avait été trop longtemps absente. Fou de douleur, le roi Pururavas errait en quête ce celle qu'il chérissait au-delà de tout. Il eut la chance, un jour, de voir sur un lac, s'ébattre un groupe de cygnes, en grand émoi. Parmi eux, la splendide inconstante reprit forme humaine et se laissa apitoyer par les gémissements alanguis du roi. Elle lui donna rendez-vous au dernier jour de l'année, avant de reprendre sa figure d'oiselle. Au temps dit, il vint et fut emmené parmi les déités. Comme invité d'honneur, il lui fallut formuler un souhait. Il n'osa pas demander sa femme chérie. Et à sa suggestion, il préféra devenir semblable aux Ghandarvas. Ainsi, ils lui enseignèrent comment allumer le feu du sacrifice (c'est-à-dire devenir immortel). Puis, le roi retourna sur terre, lassé des honneurs, du pouvoir et de la vie. Il devint ermite et disparut dans une forêt. Fut-il dévoré par un tigre ? Devint-il méditant pendant un cycle entier ? Rejoignit-il le monde des dieux et l'Apsara qu'il chérissait ? L'alchimie d'amour conduit à l'immortalité.

ÉLÉMENTAUX

Accordons une place particulière aux Élémentaux. Ils existent indépendamment du folklore lié aux gentes fées. Ils offrent surtout une quasi-matérialité du fait que leur essence est issue des ondes vibratoires de chacun des quatre éléments qui leur prête vie. Certaines personnes sont susceptibles de les solliciter et de les mettre à contribution, voire de les susciter. Oublions le canevas simpliste de Paracelse et ne les limitons pas aux fées et gnomes, elfes, salamandres, ou ondins. Ils méritent mieux. Rappelons que tous les génies, esprits de la nature et fées se réfèrent à l'un des quatre éléments, ou à la Nature elle-même.

— La Terre :

La Terre, la plus prolifique, donne vie aux fées et à d'innombrables esprits malins, tels les courils, les gnomes, les nains, les fadets, les lutins, les sotrés, les kérions, les gobelins, les laminaks ou les trolls… Est-ce Gaïa qui œuvre ? Ou l'élément « terre » ? Il reste difficile de se prononcer. Chaque région s'anime des apparitions de ces êtres dont certains sont géants et d'autres pas plus gros qu'une mouche. Tous sont industrieux et se livrent à de mystérieuses besognes au cours des nuits les plus noires. Certains ont en charge des trésors qu'ils gardent avec acrimonie. Quant aux fées, elles ont souvent l'apparence humaine. Que dire de ces êtres diaphanes et éthérés qui agitent à tout va leur baguette magique et métamorphosent les princes en crapauds ou les pauvres filles en princesses, qui se promènent le long des *leys* portant des dalles destinées à ériger des dolmens, qui dansent au clair de lune et savent si bien aguicher les jeunes hommes et les fader ? Le folklore des campagnes accorde crédit aux Korrigans ou nains dans la tradition armoricaine ; aux Farfadets ou lutins ; voire aux Gobelins, des lutins ou esprits domestiques qui vivent dans les recoins des maisons.

La mythologie grecque aurait un faible pour les Cabires, mais également pour les Géants. Occultes, les premiers sont des divinités quasi inconnues, ayant fait l'objet de cultes à Mystères. Peut-être, ces derniers appartiennent-ils à une autre trame mythologique ? Gaïa et les Olympiens s'évertuent à dompter le monde, la création qui leur échappe en des créatures monstrueuses et difficilement contrôlables. Il fallait qu'ils se dissimulent pour ne pas être éradiqués.

Tous sont des êtres de mystère, bavards et indiscrets, tissant quelque relation symbolique avec l'inconscient, vivant dans des interfaces cachées. Les fées restent les maîtresses de la magie. Elles savent devenir sorcières (*banshee* en Irlande) ou demeurer angéliques, couvrant les nouveau-nés de bienfaits à peine imaginables. Toutes se réclament de la Terre mère ou encore de la Lune. Elles finissent par faire fi de leur élément, puisant dans l'Air ou l'Eau quelques parcelles de substance. À la fin, elles deviennent des entités à part entière, plus proches des déesses que de l'élément vital qui les a nourries.

— L'Eau :

Dans l'Eau évoluent leurs consœurs. Quelques-unes ont parfois des queues de poisson ou de serpent et sont redoutables. On distingue les ondins et ondines ou nixes qui vivent dans toutes les diverses étendues d'eau. Elles sont plus ou moins malveillantes, égarent volontiers leurs soupirants. L'ourlet de leur robe est toujours orné d'une frange de perles humides. Mieux vaut s'en défier ! Elles se mêlent aux danses des villageois et à la fin emportent leur partenaire en leur palais de cristal où il finit par mourir dans de sauvages étreintes. Sortilèges de l'Eau et/ou de l'Amour ! Les morgans hantent les rivages bretons et pleurent pour capter l'attention. Les dracs attirent les jeunes filles en faisant étinceler des bijoux et des pierreries. Et les farfadets s'amusent autant qu'il leur plaît, facétieux et fantasques. D'autres entités évoluent dans ces immensités aqueuses, comme les Vouivres, les Hyades, nymphes de la pluie, dans la Grèce ancienne, ou les Naïades.

Temps merveilleux où nous découvrions nos premières « fées », des naïades en l'occurrence.

Comme site, les Gours bénis, des étendues d'eau plus ou moins vives ou mortes en bord d'une rivière et une végétation luxuriante se sustentant d'eau. De fines formes évoluaient, nageant dans les zones ombragées. Soudain, des cris d'enfants, des vaguelettes. Les apparitions se sont évanouies. Il ne resta plus que l'eau brune et le miroitement d'un rai de soleil. Nul ne doit surprendre quelque fée dans son bain. Il lui en cuira !

— Le Feu :

Les Salamandres éteignent et ravivent le Feu qui est leur élément. Ce sont ici des reptiles légendaires, qui n'ont aucun lien avec l'animal du même nom. Elles vivent, nagent et s'ébattent dans le feu dont elles se nourrissent. Elles ont un caractère insaisissable, pétulant, et demeurent difficiles à discerner. Les Bestiaires médiévaux narrent leurs aventures, avant qu'elles n'entrent dans la symbolique alchimique. À l'origine, les Vouivres étaient également des esprits du feu, puis elles ont été assimilées à des serpents. On en ignore la cause.

Un animal, de la famille des tritons, devient, pour les Cabalistes, l'esprit même du Feu, l'essence de chaque parcelle ignée. Ce génie, qui a une longévité extrême, sert les sages avec efficacité et discrétion, sans piper mot. À la fin, il devient l'emblème de la pierre au rouge… Et signe la réussite de l'Adepte.

— L'Air :

Dans l'Air vivent sylphes et sylphides qui ont une apparence humaine, mais savent si bien se dissimuler. Pour la mythologie nordique, ils se nomment elfes. Leur roi voyage sur un char attelé de quatre étalons noirs. Il a barre sur les chênes qu'il transforme à volonté en guerriers. Est-il à l'origine du si fameux *Combat des arbres,* du monde celte, qui excelle en étranges métamorphoses ? Les meilleurs de ces esprits sont immortels alors que ceux qui fraient avec l'ombre s'apparentent à des démons. Tous évoluent la nuit et deviennent invisibles le jour. Ils entraînent volontiers les mortels en des rondes folles allant jusqu'à la perte de ceux-ci. Ils ouvrent aussi les portes des mondes cachés.

> *C'est la nuit que les elfes sortent,*
> *Avec leur robe humide au bord,*
> *Et sur les nénuphars emportent*
> *Leur valseur de fatigue mort.*

Théophile Gautier

À l'Air appartiennent aussi les elfes et nombre de nymphes. Comme les fées, ces êtres se sustentent de divers éléments et gagnent ainsi en autonomie. Peu de noms, cependant, ont survécu à l'oubli, si ce n'est dans une littérature fantastique. Bien que malicieux, le petit peuple n'est pas foncièrement mauvais. Il faut seulement l'apprivoiser. Hélas, l'homme, ignare et imbu de lui-même, ne sait jamais apprécier les dons qu'il fait parfois — ici celui de plaire —, comme en témoigne la nouvelle de Charles Baudelaire, *Les Dons des fées,* et le commentaire désabusé de l'une d'entre elles : « *Comment trouvez-vous ce petit Français vaniteux, qui veut tout comprendre, et qui ayant obtenu pour son fils le meilleur des lots, ose encore interroger et discuter l'indiscutable ?* »

— Faits et méfaits dans la sphère des Élémentaux :

Les Élémentaux sont-ils un pur produit de l'imagination enfantine ? Une source d'inspiration pour les contes merveilleux ? Bien qu'invisibles, les esprits de la Nature existent et réagissent. Le monde n'est pas différent de nous et de cette unité naissent tous les dérèglements ou au contraire, tous les bienfaits que la nature sait produire. Il y a toujours interaction. Si l'homme abuse des éléments, il y a un effet boomerang. Il est stupide et présomptueux de se croire supérieur à la Nature, et plus encore à Gaïa, alors que nous leur sommes inféodés. Pourtant, chaque jour, l'humain s'octroie, avec morgue, des libertés dont, un jour, il faut payer le prix.

Ainsi, si l'on pêche dans le domaine de l'astral, des émotions — domaine de l'Air —, les elfes ou les sylphes se déchaînent sous forme de vents, ouragans. Il en résulte une nécessité de la maîtrise de sa pensée. Sinon, ils envoient sorcières ou dragons, pour effrayer les personnes irresponsables ou prévenir ceux à qui il reste un semblant de conscience.

Si l'on abuse de son corps physique et des choses matérielles, on a un rapport négatif avec la Terre, et les gnomes et les nains entrent en action. Ils enferment le délinquant dans un rocher ou au fond d'un trou, provoquent des éboulements, des tremblements de terre dévastateurs, voire le déchaînement de la meute des autres éléments.

Si l'on utilise de manière négative le flux énergétique, par la paresse ou l'indifférence, on irrite les Élémentaux liés à l'Eau, sirènes, ondins, nymphes. Ils font couler les bateaux, libèrent inondations, déluges et tempêtes, ou font avaler les méchants par des monstres marins, si l'on en croit un riche légendaire. Le mythe de l'Atlantide ou celui du Déluge viennent corroborer ces faits.

Si l'homme abuse de son égo par la violence ou la vengeance, il met en colère les Élémentaux du Feu, comme les salamandres. La réaction est ignée, flamme ou folie, ou incendies dévastateurs, voire menace atomique actuelle, dans les mains de dirigeants ineptes. Comme seule parade, il faut oublier sa superbe et parvenir à faire preuve de désintéressement.

Certains fléaux sont tangibles, d'autres métaphoriques. Cependant, il est sage de s'inquiéter d'une parade.

— Pour les difficultés liées à l'Air, il faut apprendre à respirer, acquérir la maîtrise de l'émotion et de la pensée. Lors de la crise sanitaire, nombre d'individus ont eu la réaction la plus désastreuse. Aujourd'hui, oublions l'ère des Poissons qui appartient au passé, et tentons de nous intégrer dans la problématique d'un signe d'Air, le Verseau. Ceux qui n'auront pas la capacité d'adaptation disparaîtront. Le masque est un pis-aller. Il faut se plier à la loi de la Nature. En des temps que l'on juge immémoriaux, l'homme de Néandertal s'est éteint…

— Pour les ennuis en relation avec la Terre, comme le matérialisme outrancier, la maladie en général, il convient d'effectuer un travail sur la terre (agriculture, jardinage) ou de se lancer dans l'art.

— Pour les périls venus du Feu, il faut transformer le feu en objet de méditation, et/ou subir l'épreuve du feu.

— En ce qui concerne l'Eau, les bains sont profitables. Ils éliminent les mauvais flux énergétiques et stimulent la vitalité. Sinon, l'épreuve de l'eau s'avère méritoire.

Les Élémentaux fournissent des signes précurseurs du danger. Il convient de savoir les percevoir, les décrypter et agir. Deux attitudes sont possibles : renoncer ou poursuivre. Et là, il faut se fier à son intuition.

AUTRES CRÉATURES FANTASTIQUES

Le terme de « créature » est-il approprié à propos d'êtres appartenant au monde féérique, d'autant plus qu'ils apparaissent, pour celui qui a le privilège de les percevoir, à sa propre fantaisie ? En réalité, vêtus d'ondes électromagnétiques, ils sont invisibles. Il faut qu'une porte ou une interface s'ouvrent pour qu'ils se manifestent dans un monde « tangible ». Sont-ils réels ou ne le sont-ils pas ? Lorsque l'on en voit un, à la ressemblance d'un dessin de celui de Draguignan, écailleux à souhait, dressé et envahissant le ciel au-dessus de la chapelle saint Michel de Fuveau, à la veille de la déclaration concernant la « pandémie », on est en droit de s'interroger. Hallucination ? Annonce d'une crise sanitaire sans égale ? Avertissement céleste aux êtres humains irresponsables ou à ceux qui font encore preuve d'un semblant de conscience ? Cependant, le commerce avec les dragons s'avère délicat si l'on n'a aucun talent de dragonnier.

— Le Dragon :

Faut-il parler du dragon, animal mythique ou pur symbole spéculatif ? À quel moment entre-t-il dans l'univers mythique de l'homme ? Sa définition demeure vague et il tient du cheval qui passe entre les mondes et du serpent chthonien. Dès les civilisations du postglaciaire, il joue le rôle de gardien des portes, du temple ou des trésors cachés, fonctions occultes s'il en est. Avec quel élément préférentiel a-t-il les liens les plus puissants ? En Chine, tous se rattachent à l'un d'entre eux, rendant le dragon omniprésent. Parfois, on réduit à deux ses valorisations ; il est terrestre, aquatique et féminin, comme Mélusine, ou aérien, masculin et céleste ; il crache alors le feu, producteur de foudre et fécondateur de la nature qui réclame avec avidité son concours.

Le combat contre le dragon fait partie des étapes dans le cheminement initiatique du héros, qu'il appartienne à la « vraie » vie ou à une épopée légendaire. D'innombrables récits narrent cette lutte acharnée… Et parfois truquée, quand Siegfried use de ruses pour venir à bout de son adversaire, creusant une fosse traîtresse sur le chemin du saurien. Il s'y dissimule pour frapper au ventre. Le sang du dragon le rend invulnérable — voilà le *cinabaris* (sang-dragon) ou cinabre. Cependant, le héros aura à payer le prix de sa traîtrise par une attaque mortelle dans le dos.

Le dragon représente la grande spirale de l'énergie de Création. Cela s'est avéré probant sur le site d'Eyguières où les dragons que nous avons suscités ont laissé une trace énergétique, certes moins puissante que celle d'un bosquet de chênes verts qui est un haut-lieu cosmotellurique naturel, mais sensible cependant. Le saurien légendaire a également le sens de vieille sagesse, car il garde jalousement le trésor. Réveiller le dragon a le sens de développer sa propre puissance intérieure et être en contact avec les mystères de l'univers. Quand l'animal se mord la queue, cela signifie que l'âme n'est pas encore éclairée. L'Ouroboros devient le serpent céleste entourant toute la Création. Il symbolise l'unité de la matière. Pour sa part, le dragon actif signale l'Adepte. Dès lors, l'éveil du dragon dévoile son énergie, sa force grandissante. Le Yin et le Yang ou la Lune et le Soleil appartiennent au Chaos primordial. Il convient de les unifier ; ainsi, l'immortalité entre en action. L'harmonie suprême intérieure aboutit à une nouvelle création dans l'œuf du dragon. Cela a été l'une de nos tâches quant à l'œuf déposé justement à Eyguières. La quête du Graal se nomme aussi l'ouverture de l'œil du dragon. Et l'on en arrive à l'alchimie où le dragon a le beau rôle. Celui-ci symbolise l'œuvre au vert ou de régénération. Saint Georges représente la voie humide et laborieuse, alors que saint Michel (« *el-chim* »), la voie sèche, si l'on suit le texte *Réveiller le Dragon* (*Arcana Evestrum*). Notons quelques bases : la tête de la Méduse représente le dragon vert, et son sang, le dragon rouge. Le premier Œuvre consiste en l'art de terrasser le dragon.

Pour les philosophes, le combat se joue entre les deux natures : qui va gagner ? Le fixe ou le volatil ? Combat éternel ou combat pour l'éternité ? Se dégage le sens de putréfaction. Au départ, le dragon écailleux évoque la matière première brute. Aptère, il représente le principe fixe, ailé, le volatile. Le dragon signe le symbole du mercure philosophal, mais également du soufre en matière d'alchimie. Une première étape se lit dans le combat du dragon noir et écailleux avec le chevalier armé d'une épée, qui représente, lui, le soufre. Voilà la *materia* qui doit mourir pour renaître. Selon la présence ou l'absence d'aile, le dragon désigne le fixe ou le volatil. Le stade ultérieur se nomme griffon. Quand deux dragons s'affrontent, cela signifie soit la putréfaction, soit le combat des deux natures, la matière du grand Œuvre, donc l'union des deux principes opposés, Soleil et Lune. Dans les flammes, le dragon renvoie au Feu. Enfin l'ouroboros, qui peut se dévoiler sous l'aspect d'un serpent muni de pattes, rend compte de la totalité et de l'unité de l'Œuvre.

Il existe un dragon cosmique. Ceux qui regardent vers les étoiles verront le Dragon entourant et protégeant l'étoile Polaire. Il est aussi un autre dragon, immatériel, intangible, invisible, qui appartient à la sphère des dieux et/ou des êtres de lumière. Espérons qu'il veille en gardien implacable sur notre bonne vieille Terre.

— Le Drac :

À Beaucaire, dans le Rhône, vivaient jadis des *dracs* (ou dragons). Parfois, ils sortaient de leur repaire pour se repaître de chair fraîche. Ils le faisaient en toute discrétion, profitant de la foire, où l'on remarquait moins les disparitions. Un jour, une lavandière laissa échapper son battoir dans les eaux noires du fleuve. Souhaitant le récupérer, elle fut happée par une force irrésistible. Elle se retrouva bientôt dans une caverne subaquatique, face à l'un des monstres qui s'y trouvaient. Il la pria de bien vouloir élever un jeune dragonnet pendant sept ans, sachant qu'elle serait libre ensuite.

Dans une grotte vaste et pleine de fraîcheur,
Éclairée par une lueur aqueuse...

Elle demeura. Son rôle était de nourrir son protégé et de l'enduire d'un onguent particulier. Par mégarde, elle se frotta l'œil avec la pommade. Au bout des sept ans, elle retourna sur terre. Des dizaines d'années avaient passé et personne ne la reconnut. Comme elle n'avait pas vieilli en apparence, elle reprit son métier d'antan. À la foire, elle reconnut le Drac qui l'avait hébergée. Elle avait acquis, à son insu, le pouvoir de voir les dragons quand ils sortaient de l'eau. Mal lui en pris de vouloir dénoncer les agissements de ces créatures. Pour la punir de sa délation, le Drac lui ôta la vue.

Le mot « Drac » a plusieurs acceptions ; il se manifeste tantôt comme lutin, tantôt comme cheval magique, et parfois, comme ici, il devient l'équivalent du dragon. Il semblerait que l'imaginaire, en matière de dragon, ait subi quelques fluctuations selon les modes, les temps ou les lieux. Notons que la lavandière citée plus haut n'a laissé aucune description de l'être aquatique qu'elle a côtoyé.

— La Vouivre :

La Vouivre a, sur le plan légendaire, le sens de dragon, non pas du monstre plutôt masculin, paré d'ailes et crachant le feu, mais plutôt d'une serpente adorablement féminine qui aime à se parer d'escarboucles et de perles pour mieux enjôler le badaud. Elle sait aussi bien ramper tout en minaudant que voler promptement. On dit qu'à Solutré, elle saute de roche en roche avec une déconcertante aisance. Son rôle est de veiller sur des trésors cachés. Elle hante les rochers, les rivières et les puits, les cavernes souterraines. Peut-être a-t-elle quelque pointe de nostalgie, regardant et comptant ses trésors, tout en espérant du fond de son âme qu'un héros, un jour, viendra lui donner un baiser et ainsi, transformera la monotonie de son existence solitaire. On se plaît à la voir sous les traits d'une serpente ailée, gracieuse, aimable à rendre fou d'amour les princes et les chevaliers, les manants, en digne consœur des Apsaras mythiques de l'Inde lointaine.

Pour les esprits rationnels, tout ceci n'est que fadaise. Pour d'autres, la Vouivre est un long serpent invisible, car enfoui dans le sol, sinueux, qui draine les courants telluriques et/ou l'eau souterraine, donnant quelques frissons à ceux qui sont aptes à détecter les énergies subtiles et les canaux qu'elles empruntent. Même sous cette forme, elle revêt un charme certain.

— Le Simorg :

Fabuleux oiseau, le (ou la) Simorg vit 7700 ans. C'est dire qu'il a connu plusieurs fins du monde et qu'il a acquis des connaissances inestimables, d'autant plus qu'il maîtrise le langage des humains. Il a l'apparence d'un paon aux serres griffues, au plumage cuivré et à la tête humaine. On peut débattre sur son sexe. Toujours est-il que la femelle allaite son petit. Le père, lorsque l'enfant atteint l'âge adulte, prépare un feu et s'y précipite. En se consumant, il donne vie à son rejeton. Il niche au sommet de la montagne sainte, ce qui lui assure un contact privilégié avec le plan divin. Dans la belle histoire d'amour

de Zal et Rousabé, la Simorg fait don de l'une de ses plumes au prince
Zal, ce qui permet de sauver la belle Rousabé et l'enfant qu'elle porte,
lors d'un accouchement difficile.

Le destin de ce fantastique volatile s'apparente à celui du Phénix en
Occident. Sans doute ont-ils un point de départ commun à Héliopolis.
Toujours est-il que le phénix est susceptible de renaître de ses cendres,
et connaît une longévité exceptionnelle. Son nom offre un lien avec la
couleur rouge et il symbolise la Pierre en alchimie.

GAÏA, LES GÉANTS ET LES NAINS

Gaïa, la Terre, produit ses propres créatures, certaines « acceptables »,
minéraux, minerais, végétaux, animaux terrestres, aquatiques ou ailés,
hominidés. Elle sait également donner le jour à des monstres, virus,
ou entités évoluant à la frange entre notre environnement tangible et
un autre, plus ou moins irréel. On lui doit d'être la marraine d'entités
aussi dissemblables que les Géants et les Nains.

*Quant aux géants et aux nains de la forêt, ils ont notre monde pour
séjour. Tous ces êtres sans âme sont produits à partir de semences qui
proviennent du ciel et des Éléments, mais sans le limon de la terre…
Ils viennent au monde comme les insectes formés dans la fange par
« génération spontanée ».*

Paracelse, *Astronomia magna*

— Les Géants :

Épineuse question que celle des géants. D'aucuns espèrent étayer la
croyance en ces êtres fabuleux, en recherchant des fossiles. Les
vestiges anthropiques et les preuves ne sont pas toujours probants.
D'aucuns voudraient faire coïncider leurs hypothèses avec la vérité.
Ils sont prêts à falsifier des témoignages pour qu'ils collent avec leurs
espérances. Pourtant, le mythe s'inscrit dans nombre de traditions. Ces

êtres anormalement grands sont issus ou plutôt nés de cette bonne vieille terre qu'est Gaïa. Sur le plan de l'étymologie, le mot « Géant » a la même racine que Gaïa ; ils sont, fils de la Terre, dans le sens d'autochtones, car la trame de leur histoire remonte à la nuit des temps. Ce bon vieux Gargantua forme l'exemple type de la race.

*« Le bon homme Grandgousier, beuvant et se rigollant avecques les aultres, entendit le cry horrible que son filz avoit faict entrant en lumière de ce monde, quand il bramoit, demandant : "À boyre ! à boyre ! à boyre !" Dont il dit : "Que grand tu as !" (*supple* le gousier). Ce que ouyans, les assistans dirent que vrayement il debvoit avoir par ce le nom de Gargantua, puisqu telle avoit esté la première parolle de son pere à sa naissance, à l'imitation et exemple des anciens Hébreux. »* (Rabelais, *Gargantua*).

Si « géant » se rattache à Gaïa, Gargantua se rattache à gosier, voire à gouffre. C'est dire s'il avait un monumental appétit de vivre ! *Garga* signifie « ravin » en langue gauloise. Chaque coin de terroir se prévaut de la visite d'un géant ou de la présence plus discrète de quelque nain, elfe ou ondine. Héroïques, les premiers ont érigé les dolmens, des menhirs titanesques, semé des « cailloux » là où se dressent des rochers, des necks, des montagnes. Ils donnent dans le gigantisme, comme leur nom l'indique. Enfin, ils sont presque des dieux puisqu'ils sont immortels.

Comme anecdote à leur propos, citons *The Green Knight,* un roman en vers du XIVe siècle. L'action se situe au moment des fêtes du jour de l'an, et un gigantesque chevalier vert se présente à la cour du roi Arthur, armé d'une hache. Il demande à ce qu'on le frappe d'un coup. Gauvin accepte et dans son ardeur, ne mesure pas son geste et le décapite. L'homme replace la tête sur ses épaules, sans sourciller et demande alors que son adversaire se soumette à la même épreuve au bout d'un an et un jour. Au moment fixé, Gauvin part en forêt en quête du point de rendez-vous, la chapelle verte. Comme par enchantement, le château de Hautdéser paraît à sa vue. Le seigneur Bertilack l'accueille chaleureusement et lui offre de rester. Puis, il lui propose un jeu où chacun doit donner le soir à l'autre ce qu'il aura gagné dans la journée. Bertilak rapporte un cerf et Gauvin, un baiser de la femme de son hôte. Le lendemain, même résultat : un sanglier contre deux baisers. Au troisième soir, Gauvin échange trois baisers contre un renard. Il garde pour lui la ceinture verte que l'épouse lui a confiée. Puis, il s'en va alors, conduit par un serviteur jusqu'à la chapelle verte, qui se révèle comme un sanctuaire païen. Bertilak aiguise tranquillement sa hache et au premier coup, Gauvin se dérobe. Vient le deuxième coup qui lui effleure le cou ; puis le troisième qui lui fait une légère entaille. Le chevalier s'explique : il a été transformé en géant vert par la magie de Morgane, qui se dissimule sous les traits de la vieille fée qui accompagne sa jeune épouse. Grâce à l'épreuve consentie par Gauvin, le sort funeste est levé et ce dernier peut repartir vers Camelot. Il conserve l'étole de soie verte que lui a donnée la jeune femme. Sous ce drame, connu chez les Celtes avec des intervenants porteurs de noms différents, se cache le duel de deux héros pour l'Année, qui se déroule dans cet inter-monde qu'est l'au-delà. Cet épisode est également illustré sur le fourreau de l'épée du site éponyme de Hallstatt. Devant des cavaliers allant vers la gauche et le trépas, deux héros, à pied, tiennent fermement une roue en main.

— Les Nains :

En opposition, les nains et les gnomes sont de petite taille, ce qui leur permet de se dissimuler dans les entrailles de la terre et de disparaître dans des creux ou des galeries souterraines. Sont-ils immortels ? Nul n'en fait mention. En revanche, tous les commentateurs insistent sur leurs richesses, sur les épées qu'ils forgent, sur les métaux qu'ils manipulent. N'auraient-ils pas quelque talent d'alchimiste ? *Blanche Neige* le sous-entend.

> *Si j'étais nain, j'aurais toute chose à souhait,*
> *J'aurais soixante sols par jour et davantage,*
> *J'aurais faveur du Roy, caresse et bon visage,*
> *Bien en point, bien vêtu, bien gras, et bien refait.*

Ronsard, Pièces retranchées

On dit que les gnomes, génies de petite taille, sont gardiens de trésors. Ils rendent visible ce qui est invisible et vice versa. On les confond, en raison de leur difformité, de leur laideur et de leur petitesse, avec les lutins, vifs et délurés, les gobelins inquiétants, car leur échine chevaline s'allonge à volonté, ou les nains. Ces derniers sont également des génies de la Terre et du sol. On leur prête un lien avec l'inconscient. Voici des êtres de mystères, mais bavards, petits et contrefaits. Ils savent se rendre plus ou moins invisibles, se cachent dans les trous de taupes, les champignons ou les dolmens à couloirs surbaissés. Comme les géants, ils appartiennent à une mythologie qui se développe avec les balbutiements des âges des métaux. Ils deviennent forgerons, une mystérieuse profession soumise au secret, et/ou alchimistes. Gardiens de trésors inimaginables, il leur arrive d'être trop bavards et de trahir les secrets confiés. Leur mère Terre ne leur en tient pas rigueur, surtout quand ils sauvent Blanche Neige des griffes d'une horripilante mégère. Ils sont tellement industrieux !

NATURE, GAÏA

La Nature est tri-une :
1 nature visible et objective,
2 nature invisible, occulte, naturante, modèle exact et principe vital de l'autre,
3 au-dessus de ces deux est l'Esprit, source de toutes forces, éternel et indestructible.
Les natures inférieures changent constamment, la plus élevée, jamais.

Une escapade vers Mane et Forcalquier, dans l'esprit de l'harmonie Terre-Ciel. Soudain, les arbres sont devenus d'un vert lumineux dans le matin ensoleillé. Les Granons et une perspective elle aussi éclatante. Grannus est un diminutif d'Apollon et les mots affluaient, Abalon, Avalon, Beleneos, et pourquoi pas Bel. *Belo*, en langue gauloise, signifie « briller ». L'astre du jour n'est-il pas indispensable au développement de l'existence, à l'éclosion d'une vie, hommage à la Beauté souveraine ? Des bancs de brume incitaient au passage entre les mondes. Or, tel n'était pas le but. Propice, le chemin des Clavières s'offrait, végétal et minéral, avec un oratoire dédié à la Vierge, un puits couvert et une borie, oubliée au détour d'un chemin. Un pan de colline se dégageait ensuite et partout le rocher affleurait, refoulant avec une solide hardiesse le végétal impuissant. La mousse, cependant, humectée de rosée, tentait une percée laborieuse, grignotant finalement du terrain. Les puissances de la Nature s'exprimaient dans ce combat titanesque entre minéral et végétal. Si le premier a la ténacité pour lui, le second a déjà le goût du risque et de l'aventure. De place en place, au profit d'un creux dans la roche mère, un arbre avait réussi à pousser isolé, rabougri, torturé. Il tendait vers la force vive du soleil ses bras rachitiques. Un drame existentiel se joue au quotidien, entre divers protagonistes gîtant dans le sein plantureux de Dame Nature et sous le regard impavide de ceux qui nous éclairent dans le ciel. N'oublions pas l'eau, tour à tour dispensatrice de bienfaits ou, au contraire, animée d'une sombre haine, quand elle dévaste tout sur son passage. Entre la source magique par les promesses qu'elle consent, la rivière dont les méandres alambiqués tissent un lien entre terre et astres, et la tempête orageuse où les éléments se déchaînent, elle fascine. Ici, il n'y a qu'eau souterraine. Celle qui vient du ciel demeure parcimonieuse. Nous ne parlerons pas des « curiosités », rocheuses aux formes tarabiscotées qui surplombent la ville de Forcalquier. Car là, le minéral dompte le végétal, irrémédiablement.

Tentons de soulever le voile dont se drape Mère Nature, sans violer totalement son intimité. Il est des secrets qu'elle ne saurait partager… Surtout avec des individus violents, qui arrivent en terrain conquis, avec leurs lourds croquenots et leur chapeau de brousse, s'estimant chez eux en toute circonstance, prenant le monde pour le champ d'une vaste opération militaire. Préférons le poète, qui marche à pas feutrés, un stylo et un calepin à la main, pour s'extasier devant une feuille qui tombe, une amanite tue-mouches ou la vague silhouette d'une fée, dissimulée dans l'écorce bosselée d'un arbre. C'est tout juste si le premier parvient à voir la matérialité de la nature. Le second, sans doute, décèlera l'invisible voile entre ce qui est apparent et ce qui est caché. Il faut les ailes de l'esprit pour fugitivement saisir la part insondable, immortelle et intemporelle de la Belle.

QUELQUES BANALITÉS À PROPOS DE DAME NATURE

« La seule source qui ne tarit jamais est l'inspiration qui vient de la Nature. »

Trois règnes se partagent la nature, chacun ayant sa vie propre, son énergie propre, ses esprits particuliers. Sur le sentier, au matin après la pluie, laissons-nous envahir par la senteur de terre mouillée et d'essence végétale. Moment de fraîcheur avant que la canicule s'installe. Le monde animal sait parfois se montrer d'une discrétion telle que le silence règne comme au cœur du désert. Seul un bruissement de brindilles signale le passage furtif d'un hôte de la forêt. Les oiseaux se taisent, comme s'ils avaient crainte de trahir l'instant de la re-création du monde. Les papillons et les insectes reprennent vie, dans le silence virginal d'un matin déjà lumineux.

— Le végétal :

L'arbre a une signification cosmique, comme représentation même du cosmos. Dans nombre de civilisations, il se situe à l'origine du monde. Ainsi, Yggdrasil offre trois racines et supporte neuf mondes. Sans que soit explicitement spécifiée sa fonction primordiale, on peut le considérer comme un arbre-père. Devons-nous parler d'arbre-père ou d'arbre-mère ? Dans la nature, les arbres paraissent sexués. Certains surgissent à de vertigineuses hauteurs, parmi les broussailles enchevêtrées, qui défendent la vie de leur hôte ou recherchent sa protection, on ne sait. Voilà les arbres-mères. À côté, et pas seulement le pin, sous lequel la végétation croit de façon médiocre, d'autres s'élèvent, esseulés, dominateurs égocentriques. Ce sont des arbres mâles. Préférerons-nous la forêt maternelle ? Mère-forêt s'exprime pour tous ceux qui la sollicitent et savent l'écouter, à l'instar de Laurent Huguelit, dans son ouvrage *Mère*. Il évoque la forêt amazonienne victime de l'outrecuidance des hommes. La catastrophe a commencé il y a si longtemps… Une forêt, que l'on croyait primaire, a été remodelée, avec importation de nouvelles essences, par les différentes populations qui se sont succédé depuis les débuts de l'agriculture. Quant aux occupants actuels, ils éradiquent tout, tribus autochtones détentrices d'une tradition, nature sauvage, arbres centenaires. Ainsi, ils portent atteinte à l'intégrité de l'âme même de Gaïa. On conçoit dès lors sa colère dévastatrice à l'encontre de l'humanité. L'auteur adresse son message aux femmes qui, viscéralement, entendent Mère-Forêt.

Innombrables sont les valeurs attachées à l'arbre, qui représente à la fois la forêt génératrice de vie et le végétal comme règne de la nature. Sa symbolique est d'une richesse infinie. Citons quelques points :

— Il correspond au lien Terre-Ciel, car ses racines s'enfoncent dans le sol et ses frondaisons s'élèvent vers le haut. Axe vertical attestant du sens inné de l'unicité, que l'homme, enclin par la bipédie à la dualité, se devrait d'acquérir.

— Il a vocation d'arbre de vie. Cela englobe la protection — certains parlent d'amour —, la fertilité, la fécondité, la croissance, la force, la longévité, la renaissance, la pérennité, voire l'immortalité, la guérison et la magie. Mais également des éléments concrets : racines, fruits, bourgeons, feuillage, comestibles ; bois de chauffage, de charpente, de menuiserie, etc. ; tout dans le végétal a son utilité.

— Il a également le sens d'arbre de la connaissance, si l'on part du postulat qu'il y a deux arbres dans le jardin d'Éden. Indubitablement, son ancienneté sur le plan des âges de la terre implique une transmission qui remonte à l'aube des temps. Si elle concerne le végétal, elle est mémoire des bouleversements climatiques qui ont affecté la planète depuis le précambrien (3,8 milliards d'années). À cette époque se sont manifestés les premiers végétaux. Que sommes-nous au regard de ce vertigineux passé ? Ceux-là sont directement reliés, eux, à leur lointain et premier ancêtre. Leur sagesse noue, à notre insu, des liens avec des mondes innombrables, dont nous n'avons pas conscience. Nous sommes persuadés de connaître un réchauffement, alors que nous vivons dans une phase interglaciaire.

— Il offre une valeur mystique. Ainsi, la Kabbale a pu développer l'arbre des Sephiroth, une voie d'appréhension du divin.

— Il s'apparente enfin à l'androgyne initial, ce que confirme l'arbre creux de l'alchimiste. Inversé, ses racines sont célestes et il développe, en terre, une ramification de racines qui constituent la science secrète. Depuis les débuts de la vie dans l'eau, depuis les organismes unicellulaires, le temps n'a eu aucune prise sur un mode de conscience basé sur l'un.

— L'animal :

Au temps préhistorique, l'animal était frère de l'homme. Peut-être la relation a-t-elle été conflictuelle quand les premiers hommes, avec le refroidissement progressif de la terre, sont passés à une alimentation carnée ? Avec l'*Homo sapiens* (et Néandertal), des règles existent et une symbiose se produit parfois. Certes, il peut y avoir des hécatombes de gibier, du sang inutilement versé. Le chamanisme instaure une relation consensuelle avec l'animalité, car celle-ci, comme l'homme, est dotée et jouit d'un esprit tutélaire. Chaque homme ou chaque animal a son propre esprit et il y en a un, collectif, pour chacune des espèces. Des maîtres-rennes, des mammouths-matriarches s'imposent à leurs congénères et à leurs prédateurs (fauves ou humains). La vie s'inscrit peu à peu dans une religiosité permanente qui affecte la nature entière — elle devient sacrée. L'animisme suppose le respect de l'autre, car il n'est différent de soi qu'en apparence. Fondamentalement il demeure analogue. Ensuite, à chaque âme (ou esprit) qui doit quitter un corps, est dévolue une offrande propitiatoire, sans laquelle la prochaine chasse serait désastreuse. Un chaman, un maître (ou une maîtresse) des animaux s'attirent un lien privilégié avec le gibier. Ce « dompteur de fauves » — le gros gibier demeure impressionnant par le volume, la masse, la force tranquille — connaît la vénération de sa tribu, car il sait composer d'égal à égal avec le chef spirituel du troupeau. Si l'échange reste non verbal, il inféode l'autorité animale à celle de l'humain hors du commun qui a le pouvoir de glisser entre les mondes. Le chaman devient le sacrificateur et le gardien de la Nature. Tout marche sur une politique d'échanges — une mort pour une vie. En offrant des bois de cerf à l'Esprit de cet animal, on contribue symboliquement à la perpétuation de deux espèces — les cervidés et les humains.

Une symbolique distinguait le règne aquatique (poissons), le règne terrestre avec les herbivores issus de la terre et les carnivores qui puisaient dans le sang le feu de la vie, le règne aérien où volaient ou planaient les oiseaux.

Tout au long des traditions protohistoriques et dans l'antiquité, le Maître des animaux, illustré par Orphée, ou la maîtresse des animaux, assimilée le plus souvent à la grande Déesse, ont exercé un relatif contrôle sur la nature, le gibier, les animaux domestiqués. Puis, leur nature sanctifiée s'est estompée avec la banalisation de la vie quotidienne. Des traits chamaniques survivent dans la tradition grecque, avec l'étonnante capacité de métamorphose en animal ou végétal des humains en détresse. Certes, après avoir été un don des dieux — la triste aventure de Daphné —, le pouvoir de métamorphose passe aux sorcières, et certaines avaient une solide réputation. Quant à Daphné, poursuivie par Apollon, victime d'une flèche tirée par Éros, elle supplia son père, dieu des fleuves, de la transformer pour échapper aux ardeurs du dieu de Delphes. Ainsi, elle devint le laurier ! La mythologie grecque a su conserver cet héritage déconcertant pour la joie de son peuple et pour le lecteur.

C'est la même chose que vie et mort,
Veille et sommeil, jeunesse et vieillesse,
Ce sont mutuelles métamorphoses.

Héraclite

Dans nos cultures demeurent des traditions, dont celle afférant à saint Hubert, dont l'antiquité n'est pas à prouver. Le cerf blanc (ou la blanche biche) est le Cerf des cerfs, un animal divin et intouchable, réincarnation d'un chaman, d'un esprit des lieux ou encore d'une femme-esprit. Nul n'oserait tirer sur une telle bête, dans la peur des pires représailles de Dame Nature dont l'animal plus ou moins fantastique est le protégé. Crainte superstitieuse ou respect atavique d'un représentant d'un autre monde ? Ne cherchons pas à approfondir.

— Le minéral :

Un beau jour — mais est-ce une légende ? Les ancêtres de l'homme actuel sont descendus de leur arbre pour affronter la savane qui s'étalait à perte de vue — la ligne tropicale se déplaçait. La bipédie devenait alors la condition de la survie dans un environnement désormais hostile et inhospitalier. Une longue marche à travers l'Afrique débutait. Par chance, il y avait, parfois, des accidents de terrain, des rochers propices, voire des cavernes pour s'abriter des colères atmosphériques. Le minéral, tangible, solide, résistant, pouvait sembler une valeur sûre. Ainsi, l'outil fut l'appropriation de ce que donnait généreusement la terre. La grotte devint l'abri où l'on échappait aux dangers les plus criants. Il fallut attendre l'homo sapiens, né en Afrique, pour que le mythe de l'émergence, c'est-à-dire la sortie de la caverne primordiale, prenne vie pour le plus grand bonheur des enfants et des plus grands.

La terre et l'eau font partie intégrante du capital de la nature — toutes deux sont des « roches ». De la pierre grossière, informe, brute au cristal ravissant, qui vaut un joyau, toute la gamme des minéraux s'exprime. Toute roche est constituée de divers minéraux. Une classification a été dressée par les géologues, qui distinguent roches cristallines (granit, basalte), sédimentaires (calcaire, argile) ou métamorphiques (marbre) ; minéraux et minerais dont l'usage par fusion donnera des armes et des outils métalliques et au forgeron, un prestige inouï. Reste la magie des cristaux. Des minéraux, réputés sans vie et inertes, ont cependant la faculté de se regrouper et de livrer des formes spécifiques selon le cas. Le sel gemme est cubique, le soufre se cristallise en rhomboèdres. Est-ce le résultat d'une proto-conscience qui recherche une perfection absolue, une beauté illuminative ? Sont-ce là les caprices savants de Dame Nature ?

TERRE ET EAU

Le silence et les arbres nus, squelettes exsangues dont les racines trempent dans l'hiver des marais. L'eau clapotante, vaguement inquiétante par sa noirceur sournoise. La nuit et le froid d'une ambiance sinistre. Quel monstre va surgir du marais des débuts de la vie ? Les étendues où Terre et Eaux mêlent leur matière fangeuse pour un destin sans fin. Est-ce là le Chaos primordial dont toutes les traditions se font l'écho ?

Au commencement, était le Vide (Chaos) *et la Nuit et le noir Érèbe et le vaste Tartare, mais ni la terre, ni l'air, ni le ciel n'existaient. Dans le sein infini de l'Érèbe tout d'abord la Nuit aux ailes noires produisit un œuf sans germe, d'où, dans le cours des saisons naquit Éros le désiré au dos étincelant d'ailes d'or, Éros semblable aux rapides tourbillons du Vent. C'est lui qui s'étant uni, la nuit, au Vide ailé dans le vaste Tartare, fit éclore notre race et la fit paraître la première au jour. Jusqu'alors n'existait point la race des immortels, avant qu'Éros eût uni tous les éléments : à mesure qu'ils se mêlaient les uns aux autres, naquirent le Ciel et l'Océan, la Terre et toute la race impérissable des dieux bienheureux.*

Orphée, *Poèmes magiques et cosmologiques*

Orphée bouscule quelque peu la chronologie des faits en supposant que les hommes apparaissent avant les dieux. Quant au Vide ou Chaos, comment le définir ? Toutes les traditions s'accordent à admettre que tout est parti de rien, si l'on peut dire. Les textes de l'Inde ou de l'Égypte corroborent cette pensée. Aujourd'hui, la communauté scientifique s'entend sur quelques dates et sur le processus d'arrivée à la vie. Son schéma est-il si éloigné de celui du poète grec ? Les fossiles les plus archaïques ont été découverts en Australie, dans les roches les plus anciennes connues (3,5 milliards d'années). L'eau, sous sa forme liquide, s'est révélée essentielle dans la manifestation de la vie. Voilà le seul milieu où des molécules peuvent s'assembler pour former des structures plus complexes que l'organisme unicellulaire de départ, à l'abri du soleil et de ses rayons nocifs. Les fameuses « algues bleues » sont à l'origine de l'enchaînement de la réalité créative.

Nous retrouvons, dans ce marécage de la vie, la roche et l'eau, citées plus haut, deux éléments et deux aspects féminins de la terre en tant que roche. L'eau se manifeste sous trois aspects, selon la température, solide, liquide ou gazeuse. Dès les origines, elle s'impose comme indispensable à l'éclosion et ensuite à l'épanouissement de la vie. Cependant, elle possède tant d'autres vertus.

Un bref rappel des temps préhistoriques montre son impact véritable :

- 3,5 milliards d'années : premiers organismes unicellulaires ;
- 700 millions d'années : êtres à corps mous (vers) ;
- 450 millions d'années : premiers poissons — on vit toujours dans l'eau ;
- 350 millions d'années : les premiers vertébrés sortent de l'eau
- 290 millions d'années : règne des reptiles, dont les dinosaures ; les mammifères les suivent de près ; l'eau, la terre et l'air sont adoptés ;
- 7 millions d'années : Toumaï, notre ancêtre ?

L'homme est jeune sur l'échelle d'un vertigineux passé ! La Terre et l'eau vont désormais être conquises, d'abord par une lente expansion, puis avec une sauvage violence allant parfois à l'éradication. L'être humain se révèle comme une brute, sans conscience, détruisant ce qui lui donne vie. Les dieux sauront-ils le policer ? Ils sont venus trop tard ! Prédateur, l'homme avait déjà débuté son œuvre de gaspillage.

Et si Orphée était dans le vrai en évoquant le vide, que les cosmologues actuels reconnaissent comme étant le principal occupant de l'univers ? Venons-en à l'eau, source de vie, condition de la vie. Ses origines sont multiples. Primordial, le grand Océan de l'aube des temps. Il a marqué à jamais la psyché humaine sous la réalité devenue mythique de l'Océan qui entoure le globe. Que dire de la source qui jaillit, issue des profondeurs inviolées de la terre ? Peut-être faut-il aller la quérir au fond d'un puits sans fin ? Elle s'étale en ruisseaux, fleuves, étangs ou lacs, quand elle ne s'enlise pas dans un marais putride où terre et eau confondent leurs matières. Pour engager la Vie. Les régions arides la bénissent et les zones marécageuses s'en défient. Bénéfique comme la pluie et maléfique comme l'orage dévastateur, elle présente de multiples facettes.

Pour chanter l'eau ou plutôt l'entendre chanter, il faut aller à Eyguières (*Aiguira* ou *Eiguiero* selon Mistral), dans les Alpilles. Lieu symbolique, l'Eau et l'ère du Verseau (*Aquaria*) y prennent leur sens. Trois vallons arrosent le village et en font une ville d'eau parcourue par de multiples canaux. Il faut probablement chercher ici l'origine du toponyme. Aquiera en est le terme en 1044. Il évolue vers Eiguiero (forme donnée par Mistral) ou de manière plus classique et plus logique vers Aigueira (*aigo* = eau). Eyguières avec le E initial autorise également l'acception d'œuf, ce qui ouvre des perspectives alchimiques. Trois sources, Bormes, Gilouse et Font-Vieille, alimentent six fontaines, qui sont l'âme bienfaitrice de la Provence et sa survie :

— la fontaine de la Coquille (vers la mairie) date du XIXe siècle et sa coque offre neuf rais ;
— la fontaine Calendal ronde et massive en centre-ville ;
— la fontaine de Trinquetaille avec bac et deux becs verseurs ;
— la fontaine Cocotte, un court obélisque surmonté d'un coq en fer forgé ;
— la fontaine Gilouse (XVIIe siècle), un bâtiment à ras de terre et couverture en dalles de pierre ;

— la fontaine et le lavoir des Bormes en direction de Lamanon, un édifice en relation avec Bormo, dieu des Eaux, l'Apollon guérisseur ; le débit de l'eau y est d'une puissance inattendue et les habitants viennent encore y puiser leur eau.

Sans doute est-elle cristalline ? Pourtant ce n'est jamais de la glace, car elle bouillonne avec excès, furieuse ou joyeuse. La glace est un cristal qui offre une symétrie hexagonale. L'eau cristalline, mise en évidence depuis peu en physique quantique, mais pressentie par certains chercheurs, entre dans un autre domaine de virtualité. Cette dernière présente des atomes organisés en réseau symétrique (ou en étoile). Leur texture, dans l'infiniment petit, est visqueuse. Cette « eau » sert de messagère du vide quantique. Il est important de savoir qu'au niveau non local et non conscient, notre conscience dialogue avec l'eau quantique. Cela nous permet d'appréhender d'autres plans de réalité et pourquoi pas le champ unitaire ultime.

La vertu de l'eau, c'est de servir à tous sans querelle.
Elle séjourne dans des lieux dédaignés des humains,
C'est en cela qu'elle est proche de la Voie.

Lao Tseu, *Tao Te King*

LA NATURE ET SES GARDIENS

La Nature mérite notre respect et nous en faisons une poubelle. Nous la bafouons à tout instant. Certes, espaces-temps sacrés, hauts-lieux cosmotelluriques jouent un rôle de garde-fous, pour éviter le pire, cependant, il vient une heure où ces barrières sont impuissantes face à la stupidité humaine. Nul n'a le droit de se prétendre au-dessus d'elle. Sur le plan hiérarchique, elle est première. Toute notre action sur elle s'appelle ingérence. Et cela dure depuis des millénaires. Au temps de la préhistoire lointaine, l'impact demeurait faible alors qu'aujourd'hui, il est de plus en plus prégnant. Est-elle, notre Nature méprisée, intraitable ou hospitalière ? Capricieuse, probablement ! En théorie, sa loi est implacable — toute survie est une lutte —, en réalité, l'homme s'en moque éperdument. Nombreuses sont les exactions. La désacralisation a pris une telle ampleur qu'il n'est plus certain que les espaces privilégiés soient en mesure de s'autoprotéger du touriste de base.

La question des gardiens de la Nature et de la Terre peut être envisagée de plusieurs façons : les gardiens de la Terre, soit localement, soit à l'échelle planétaire (les guerriers de l'arc-en-ciel) ; les génies du lieu ; les Élémentaux ; les arbres-maîtres. Une gestion naturelle de la forêt sait réveiller ces forces vives qui, comme Arthur en Avalon, dorment, entre rêverie sans attache et sommeil éveillé. Ont-ils quelque pouvoir ?

Débutons avec l'esprit du lieu, dynamique relationnelle entre éléments matériels et immatériels. Le génie du lieu est l'être spirituel des choses et des êtres vivants ; sa mission consiste à préserver la vie.

Jusqu'au XIXe siècle, ce dernier consiste en une force sacrée ; puis il acquiert un caractère individuel et il génère l'esprit du lieu :

— l'esprit bâtit le lieu, et celui-ci l'investit et le structure ;

— l'esprit du lieu renferme à la fois la continuité, la tradition et le changement ; l'idée se construit en même temps que la forme, chacun nourrissant l'autre — nous en avons eu de belles applications avec les labyrinthes.

Une demande actuelle a pour axe le patrimoine culturel immatériel, car il est participatif et interactif ; il faut tenir compte de toutes les dimensions de l'esprit et du lieu, ce qui conduit à un patrimoine inclusif, riche et dynamique. Comment être vigilant face aux dérives entraînées par le tourisme de masse, irrespectueux par ignorance ? Cela implique qu'il faut :

— explorer de nouveaux concepts, en particulier la relation entre le site et les usagers, le site incarnant la mémoire ;

— comprendre la fragilité de l'esprit du lieu, éperdu dans le cadre de la destruction de l'environnement, de l'invasion touristique du patrimoine ;

— tout mettre en œuvre pour conserver et transmettre l'esprit du lieu.

Comme esprit du lieu, citons la forme allongée du Grand Saint-Jean, vue par plusieurs personnes, lors de notre première sortie en ce domaine où les bois rayonnent d'un mystère et d'une joie étonnants. Des arbres vénérables, un chêne vert en particulier, probablement aussi ancien que la chapelle biscornue qui cache sa laideur dans la verdure, se dressent de place en place, gérant de main de maître tout un peuple de jeunes pousses qui, oserions-nous le dire, ont les dents longues. Elles attendent de supplanter leurs ancêtres qui se partagent la tâche ingrate de faire leur éducation et/ou d'entretenir les fées, déesses, arbres-fays, et autres génies du lieu. Matura est le nom qu'elle a donné. Tant d'autres répondent à l'appel pour peu que nous les sollicitions, Cassynote, Amnaris, Azaris, etc., qui désignent quelques arbres-maître de ce domaine. Cette dénomination offre-t-elle un lien avec la déesse latine qui préside à la cueillette des fruits ? Elle semblait s'éveiller du long sommeil hivernal, et honteuse, sans doute, d'avoir été surprise, elle n'avait nulle envie de sortir de sa couche moelleuse pour bavarder avec de vulgaires mortels. L'année suivante, nous avons su l'apprivoiser et sa bienveillance a permis une convivialité autour de thèmes porteurs, comme les arbres et les oiseaux, le renouveau printanier ou les esprits de la forêt. Une interaction s'établissait entre Nature et personnes de bonne volonté.

L'Esprit de la Nature de la Sainte-Baume s'est manifesté comme un grand dôme de lumière blanche enveloppant la montagne, déité exceptionnelle, suscitée par la présence d'êtres humains engagés dans une voie spirituelle et désireux de donner un lustre à ce lieu prestigieux sur le plan cosmotellurique, honteusement dénaturé par la présence d'un radar.

Sur le site de Théopolis, cher à un préfet des Gaules en quête de répondre à Augustin à propos de « cité divine », multiples sont les esprits répondant à l'appel. C'est à croire que les dieux antiques trônent sur chacun des sommets voisins, le Trainon, le Dromon, le Dromonet, etc. Dans ce haut-lieu cosmotellurique, cheminée et vortex se côtoient, tandis qu'une pierre de fécondité gît encore dans les profondeurs de la crypte d'une chapelle qui a subi la vindicte des séismes. Parfois, la montagne sert d'aimant, déroutant les petits engins volants. Quant au paysage, il se révèle grandiose, avec deux rochers qui se font face comme si la Nature avait voulu les disjoindre pour générer une tranchée et réintégrer le chaos, et à la mesure des éléments qui savent s'y déchaîner avec hargne incontrôlée ou violence subite.

Cependant, il existe des guerriers plus conventionnels et l'être humain éclairé peut se glisser parmi eux. Certaines populations se sont donné la charge de veiller, les unes sur les tigres en Inde, les autres sur la forêt équatoriale ou tropicale. Malheureusement, la société actuelle (des hommes prétendus civilisés) ne les comprend pas et agit le plus souvent à l'encontre de leur état d'esprit. Citons aussi les guerriers de l'Arc-en-ciel dont le rôle est celui de gardiens de la terre. Ce sont des individus investis par cette mission. Ils sont garde-forestiers ou simples amis de la nature et ils œuvrent dans les limites de leurs possibilités. Certes, cela peut se résumer à « un travail de fourmi », mais toute intention consciente en faveur de la Nature ou de la Terre est une manière de s'élever et de contribuer à l'élévation générale de l'humain.

Quand la Terre sera ravagée, que l'eau des rivières ne sera plus bonne à boire, quand les arbres se feront rares et que les animaux auront presque disparu, c'est alors qu'apparaîtront les guerriers de l'Arc-en-ciel. Ils se lèveront pour protéger la Terre. Ils reformeront le cercle sacré de l'harmonie et enseigneront l'unité entre toutes les races et les religions véritables de l'humanité.

Prophéties des Hopis

Peut-être revient-il aux arbres de révéler leur nature de « gardien » de celle qui est leur Déesse. Les Arbres-maîtres sont tout indiqués. Si l'arbre ne cache pas la forêt, peut-être en est-il la porte ? Ou l'interface entre les plans, le gardien de secrets intransmissibles ou de lieux inconnaissables. Ici s'impose le terme « reliance », dans le sens de connexion. Les arbres-fays sont d'excellents veilleurs, masquant les pudeurs, les trames cachées et ourdies dans les zones obscures, méconnues, enchevêtrées de la forêt. Et l'on se plaît à voir, comme dans les contes de fées, un arbre creux, parfois muni d'une porte réelle. En dépit du fait que le héros soit impressionné par un environnement inquiétant, voire hostile, et pour le moins étrange, il tourne le loquet et pénètre à l'intérieur…

Ce n'est plus le creux d'un tronc d'arbre, mais un univers magique qui s'offre à lui, jeune candidat à quelque initiation dont il ignore tout, pour l'heure. Le trésor caché est un leurre ou une énigme à décrypter. Il importe de pénétrer au fond de soi-même.

Rappelons d'étonnantes métamorphoses qui permettent d'occulter les Nymphes derrière un voile de verdure. Des hommes ou des femmes se transforment en arbres spécifiques pour une mission dictée par la Nature. Bien qu'enracinés dans le sol, d'autres arbres, au contraire, se donnent l'air d'êtres humains. Et celui qui découvre, au sein de la forêt, ces arbres-fays ignore de quelle « nature » ils sont, gardiens farouches d'une portion de forêt, plantés là pour défier l'impudent et lui rappeler sa condition de simple mortel. Celui qui sait les amadouer acquiert la capacité de passer l'interface.

LA TERRE ET SES LIGNES DE FORCE

Avalon est très riche et opulente
Jamais si riche cité ne fut fondée ;
Les murs sont faits de grandes et larges pierres,
Il n'est nulle chair blessée
Si les pierres peuvent être touchées
Qui ne soit aussitôt totalement guérie.

Guillaume au court nez

Outre ses gardiens plus ou moins immatériels, plus ou moins éthériques, la Terre possède des champs de force destinés à sa protection naturelle. Ce ne sont plus des points géographiques, où vivent et vibrent des entités, ce sont des lignes qui se recoupent et forment entre elles des polygones. Peu de personnes les perçoivent. Cependant, elles sont l'ossature de la terre, non pas en des réseaux cristallins qui prennent vie dans le minéral ou l'eau qui sont la base même de la planète, mais en une série de points, de lignes reposant sur des lieux particulièrement propices et sacrés. Ce sont des phénomènes électromagnétiques. D'aucuns n'y croient pas plus qu'aux entités immatérielles. Différents chercheurs, cependant, se sont attachés à mettre en lumière ces réseaux. Et le résultat s'appuie sur les mathématiques pour livrer un schéma où perfection et harmonie rendent définitivement crédible l'hypothèse de départ. Ajoutons que le philosophe Platon a eu l'intuition de ce plan, quintessence de ce qui Est.

Les leys (laies en français) constituent des lieux ayant des particularités notoires quant à la géobiologie. Avalon se positionne sur l'un de ces réseaux, peut-être bien en un point central, même si certains affirment qu'elle appartient au royaume de la féerie. S'agit-il de l'Autre monde ou d'un autre monde, dans une autre dimension ? Pour Avalon, la nuance est incertaine. S'agit-il d'un chakra de la Terre ? Ces plans qui ne nous sont révélés que par des interfaces se manifestent parfois, à notre insu, mais ils n'ont pas la capacité d'agir pour changer notre perception de la nature. Ils restent dans l'informel. Seuls les individus dotés d'un peu de sensibilité ont accès à ces données et seuls les grands êtres sont susceptibles d'utiliser ces lignes de force de la terre. Cependant, si l'on admet que tout vient d'en haut et que les plans spirituels peuvent interférer dans les plans matériels, peut-être y a-t-il un soupçon d'espoir que notre attitude face à la Nature change.

Quant aux *leys* et autres maillages, ce sont bien des réseaux qui jalonnent le corps de la planète et constituent sa puissance vitale. Plusieurs notions sont à distinguer :

— les *leys* relayant en droite ligne soit des édifices sacrés, soit des points électromagnétiques dignes d'intérêt ; un exemple significatif est la ligne Saint-Michel allant de la Turquie à la Cornouaille, jalonnée de toponymes consacrés au pourfendeur de monstres ;

— les alignements ou les dispositions géométriques de lieux sacrés, décrivant des formes spécifiques (circulaires, carrés, triangulaires, etc.) dotées d'une puissance électromagnétique colossale ;

— les sites sacrés ; ils sont multiples et variés et constituent des « centres » du monde : Avalon, les pyramides, la forêt de la Sainte-Baume, les alignements de Carnac, le mont Bego, le lac Baïkal, des arbres anciens et vénérés, etc., car ils sont Un et Tout ; ou sur un plan plus subtil, l'akasha devient une formulation de l'espace sacré ;

— les grands vortex, occasionnés souvent par la chute de météorites, les gouffres, qui sont des points particuliers et perturbateurs ;

— le quadrillage usuel des réseaux Hartmann, Peyré ou Curry, dont les nœuds ont une incidence sur la vie humaine et que les Anciens maîtrisaient dans leur conception de la géographie ou de l'architecture sacrées ;

— les polygones qui transforment, sur un plan mathématique, la terre sphérique en un polygone inviolable ; voici un treillis régulier, la grille cristalline, mise en lumière par Goncharov, Makarov et Morozov, constitué de triangles alternant avec des pentagones ; soixante-deux points sous-tendent ce schéma où les triangles deviennent les faces de l'icosaèdre et les pentagones, celles du dodécaèdre ; selon Becker et Hagens, on aboutit à un polyèdre de cent vingt côtés ou géode ; cette figure a la particularité de contenir tous les solides de Platon, ce qui confère une légitimité à l'hypothèse concernant ce réseau complexe ;

— les chakras de la terre ; d'autres chercheurs se sont focalisés sur cet aspect distinct, en partant de l'hypothèse que la Terre est un organisme vivant et que, comme l'être humain, elle possède des chakras ; cette formulation part de lieux particulièrement réputés comme le mont Shasta aux États-Unis, le lac Titicaca, Glastonbury en Angleterre, les pyramides d'Égypte, le mont Kailash au Tibet ou Ayer's Rock en Australie ; partant des sept chakras reconnus traditionnellement, ils en ont admis douze en rajoutant d'autres sites significatifs et en tenant compte de l'évolution qu'apporte l'entrée dans l'ère du Verseau ; pour eux, le 6e chakra (ou 3e œil) serait fluctuant en fonction des ères cosmiques.

Ces approches, toutes positionnées sur des lieux particulièrement remarquables, donnent à réfléchir. Certes, d'autres, tout aussi valables, auraient pu être choisis, et il n'est pas dit qu'ils ne participent pas au plan d'ensemble. Le maillage polyédrique a les mathématiques pour base ; celui des chakras entraîne le vivant. Sachons que la morphologie et l'ancrage de ces réseaux sont susceptibles de modifications en fonction de l'évolution tant de la planète, dont le niveau vibratoire est en hausse, que de la spiritualité de l'humanité, elle aussi en pleine mutation.

DIVINITÉS ÉGYPTIENNES ET NATURE

Dans l'Égypte ancienne, donne-t-on la parité au masculin et au féminin ? Malgré l'instauration du patriarcat, la femme conserve une place de choix. Ne méconnaissons pas la gent féminine et les facettes variées d'une féminité qui triomphe en tant que Grande Déesse primordiale. Rendons à Isha Schwaller de Lubicz, dans *Contribution à l'égyptologie*, le mérite d'avoir perçu et décrit les fonctions de la nature dans leur aspect réalisateur. Peut-être revenait-il à une femme de mener cette quête. La Nature est féminine jusqu'au bout de ses piquants acérés.

Deux fonctions maîtresses résultent de l'opposition dans la dualité, qui fait Bien et Mal et donne la science de la Nature et la vie ; ce sont la *contraction et la dilatation* ou, à un autre niveau, inspiration, expiration. Pour comprendre leur expression symbolique, souvenons-nous que toute fonction en action provoque la réaction complémentaire. Ainsi, le scorpion *serq* est, en soi-même, principe de fixation « contractante ». Il symbolise ce double jeu dans le son du phonème et par sa propre vie. Comme autres expressions de cette qualité contractive, citons Sobek, le dieu crocodile, assimilé à Osiris reverdissant les terres des plaines du Nil inondées, ou Sokar (Sokaris), autre dieu de la fertilité agraire au départ. Ensuite, il devient dieu du monde obscur et souterrain et il réside dans une caverne dans l'Autre monde, ouvrant deux voies aux candidats à l'initiation — la voie humide et la voie sèche.

Les symboles de la fonction de dilatation sont, eux, représentés par Anup et par Oupouaout, « Celui qui ouvre les chemins ». Ce second dieu apparaît sous la forme d'un chacal ou d'un chien ; il sert de guide des dieux et de protecteur des défunts. Sortant d'un tamaris, il manifeste l'énergie élémentaire, dans le cycle de la régénération. Thoueris ou Apet Tahourt, la déesse aux traits d'hippopotame, au ventre énorme et aux seins pendants, entre également dans cette catégorie. Elle protège les parturientes. Voilà un symbole de l'abondance et de la fécondité maternelle ; et aussi le principe de la terre nourricière.

Une déesse conditionne toute vie, il s'agit de Tefnet (ou Tefnout) — le principe humide, sœur et épouse de Shou (ou Chou), le dieu de l'Air et la qualité sèche. En elle sont contenues toutes les potentialités à naître. À côté, Heqet, la déesse aux traits de grenouille, entre dans une dynamique différente. Elle correspond à l'aspect féminin du dieu créateur Khnoum, avec une fonction ayant trait à la renaissance, par régénération du ferment, et engageant la multiplication.

Une autre déesse exprime la digestion de la semence : Mout, dont le nom signifie « mère », mais qui devient « mort », s'il y a corruption sans animation. Sur le plan mythologique, elle appartient à la triade Amon-Mout-Khonsou, où elle est en lien avec la manifestation.

Enfin, Sekhmet, la déesse lionne, qui sait s'enivrer d'une façon aussi osée qu'irrémédiable, apparaît comme l'être qui tue pour animer.

De façon générale, le *principe féminin,* qui est celui de la Vie, de la matière, de la forme offre quatre grands aspects, figurés par les quatre déesses : Aset (Isis), Nebhet (Nephtys), Net (Neith), Serqet (Selkis).

— Isis :

Divinité principale dans le panthéon égyptien, Isis est le *principe féminin* de la Nature, en qualité de siège et de lieu qui situe toute activité. Voici la *passivité agissante* de la féminité et la mère de toute existence.

Elle appartient à la quatrième génération divine et sa symbolique est en rapport avec l'institution de la royauté en Égypte et celle des rites d'embaumement. Elle s'affirme comme la première magicienne. Elle est l'aimant qui attire la semence mâle et en provoque le jaillissement. Son principe fluide (les larmes) devient spiritualisant : il ne ressuscite point le corps d'Osiris, mais son *djed* (pilier de vie), d'où jaillira périodiquement « l'eau nouvelle » de toute sève. Les larmes de sa sœur Nephtys et ses propres talents ramènent à la vie l'époux défunt, non pas comme un corps terrestre ressuscité, mais comme un être sublimé, vivant sur un autre plan. Pour Horus, son fils, Isis équivaut à la substance maternelle, vivant dans le marécage, gestant et nourrissant le futur roi. Ce dernier, plus tard, révélera l'essence spirituelle de son père Osiris.

Les attributs d'Isis sont la croix ansée (symbole de vie), le globe, le palmier (vie éternelle) et le vautour (pouvoir des Mères célestes). Rapidement, le culte d'Isis dépasse les frontières de l'Égypte et s'étend à tout le monde grec, puis romain. Elle devient la déesse aux mille noms, la première-née, la mère des étoiles, la procréatrice universelle. À côté du culte officiel, des écoles de mystères se réclament d'elle. Ceux-ci servaient à initier les hommes, aux divers aspects de la vie, la naissance, la mort, l'immortalité de l'âme. L'instruction passait par des drames sacrés où se jouaient les épisodes de la vie d'Osiris, le premier mort ressuscité. Son rayonnement a été exceptionnel. Les Vierges noires médiévales s'inspirent de son modèle iconographique et symbolique.

— *Nephtys* :

Isis et Nephtys passent pour les bienfaitrices de l'humanité. Sœur d'Isis, d'Osiris et de Seth, elle est l'épouse de ce dernier. Elle représente la *passivité négative* de la féminité. De nature subtile, elle corrompt pour donner vie ; elle est immanente à Isis dans sa fonction de pleureuse, qui provoquera la putréfaction et fera ou générera ainsi le « digéreur » Anubis, son fils, dont le rôle est significatif dans l'ensemble des rituels funéraires.

— *Selkis* :

Pour sa part, Selkis correspond à la *féminité sexuelle* ; elle est la puissance ténébreuse et la contraction qui provoque la dilatation. On la dit protectrice du souffle.

— *Neith* :

Neith est la *Féminité spirituelle* animatrice, la double énergie lumineuse, sans forme, qui provoque la formation par fixation des compléments (croisements). Vierge, elle « mit au monde » avant que l'on mît au monde ; extrême dilatation, elle provoque la contraction : voilà pourquoi les Égyptiens mettent son symbole sur la poitrine dilatée du cobra. De ses flèches croisées, elle fixe la substance. Le mouvement de sa navette tisse la première matière du Monde. Son apparition à la vie fait interagir les quatre éléments : terre et elle apparaît sous les traits de la vache Ahet ; eau et Neith se transforme en poisson ; feu et de ses yeux jaillit la lumière ; air et elle s'envole comme le scarabée. Trois formes en lien avec la vache lui sont prêtées :

– au début, Neith apparaît comme vache issue de l'élément terre ;
– comme vache Ahet, elle médite et annonce l'arrivée de Rê ;
– en fin de boucle, la déesse se manifeste sous les traits de la vache Oureret ; ici il est question de fécondité globale et d'univers en

expansion. Rappelons son lien avec le tissage et la trame infinie des univers. L'une de ses dénominations est « Temps infini ».

Voici le texte chanté tous les matins dans le temple d'Esna, accompagnant l'hommage rendu à Khnoum, le dieu-potier, le jour de la fête de « soulever le ciel » :

Les deux tiers de sa personne (Neith) sont mâles,
Un tiers est féminin.
Elle crée les rayons lumineux renaissants,
Chasse les ténèbres
Revêtant le disque solaire de son propre éclat
Et le dissimulant dans sa pupille.
Lorsqu'elle se lève, elle laisse apparaître sa lumière,
Permettant ainsi que chacun reconnaisse son compagnon ;
Tandis qu'elle apparaît en sa forme de Lune.
Elle est Nout en qui le dieu de l'horizon se lève et se couche.
Elle n'a pas de limites dans l'espace et l'on ne connaît point ses fins
dans le temps.
Ciel appelle-t-on Sa Majesté.
Elle a inauguré la Terre selon ses desseins ;
Elle a fait toute chose comme une création de son cœur.
Quand elle croise dans le ciel à son gré, son fils Rê devant elle est
en liesse. (…)
Les grands dieux réunis en un tout contemplent leur mère,
dieu et déesse à la fois.

Hymne à Neith, textes sacrés de l'Égypte ancienne

DAME LUNE

Il imagina [le Démiurge] *une autre terre immense, celle que les immortels
Appellent Séléné, les mortels Méné
Qui contient beaucoup de montagnes, beaucoup de villes, beaucoup
de maisons.*

Orphée, Poèmes magiques et cosmologiques

Souvent, Terre et Lune sont vécues comme complémentaires. Comme corps céleste évoluant chacun a son propre rythme, cela se conçoit aisément — la planète et son satellite. Le néolithique les voit comme mère et fille. Puis les civilisations étoffent le propos. Avec les Indo-européens, l'astre dont les trois quartiers sont nettement tranchés, devient la Triple Lune, jeune et belle, pleine et majestueuse, vieille et dispensatrice de connaissances. En Mésopotamie, l'astre qui régente les nuits se révèle féminin, alors que la divinité qui la gouverne est masculine.

— Dieux lunaires :

Le dieu — Lune Nannar, puis Sîn sont largement vénérés dans ces régions. Ce dernier est père de Shamash, dieu du Soleil, maître des mystères, de la sagesse et du temps.

En Égypte, Thot, dieu de la sagesse et de la connaissance, summum de l'abstraction a pour attribut la lune ; représenté par un homme à tête d'ibis ou de babouin, il calcule le temps, préside au calendrier et à l'écriture ; comme protecteur de Rê, il voyage dans la barque lunaire. Pour sa part, Khonsou se révèle en dieu lunaire archaïque, figuré par un homme à tête de faucon ou comme momie aux yeux immenses ; il fut d'abord le chef des mauvais génies, puis en tant que fils de Mout et Amon, il acquiert une valorisation positive et devient même le symbole du rajeunissement. En Inde, le dieu-lune Chandra est né au moment du barattage de la mer de lait, et il est plus ou moins assimilé à Soma.

— Déesse Lune :

Ambivalente, la lune a deux visages, dont un féminin ; elle est douce, lumineuse ou ténébreuse ; sa face livide indique l'entrée dans le royaume des morts qu'illustre Hécate au triple visage. En revanche, Séléné correspond à la beauté lumineuse et à la femme amoureuse d'Endymion, son bel amant devenu immortel, mais dans le sommeil, elle le contemple chaque nuit, endormi.

Souvent, quand elle n'est pas associée à la Terre, la Lune a commerce avec le Soleil, mais les relations sont différentes. Ainsi, le mythe amérindien où le soleil est un homme qui veut épouser une femme, laquelle est sa sœur ; elle se change en lune et lui en soleil, et de sa masse chauffée naissent les étoiles. Une autre version, ayant cours en Amérique, fait état d'une fille Soleil et de son frère Lune ; chaque nuit, celle-là est visitée par un homme ; elle le macule de boue et il reste maculé. Toute surprise, elle le voit dans le ciel nocturne et réalise la situation. Le fameux mythe aztèque de Nanautzin et Tecuciztecatl appartient à cette veine.

Innombrables sont les légendes qui narrent les exploits des corps célestes. En Australie, l'homme-lune, un être mythique, poursuit les Pléiades avec un boomerang ; en représailles, il est tué au matin, puis renaît chaque soir, pour venir éclairer les nuits. Assez élaboré, un mythe africain veut que Mawu incarne le principe féminin, la nuit, la sagesse, la connaissance et Lisa, le Soleil, le principe masculin ; tous deux sont créateurs des dieux, des hommes, du monde.

Avouons-le : les heures nocturnes sont enveloppées de mystères. La Lune elle-même inspire des mythes, fascine, devient la source de rêves, d'inspiration ; le lundi (premier jour) lui est dédié, car elle marque l'écoulement du temps, ce qui implique un calendrier lunaire (treize lunaisons de vingt-huit jours environ), en concurrence avec un calendrier solaire. Longtemps, elle a influencé le monde et pas seulement les marées ; on se méfiait d'elle, on lui vouait des invocations superstitieuses, on lui offrait des gâteaux à la croisée des chemins, on n'osait qu'à contrecœur sortir la nuit. Elle terrifiait et ses prêtresses ont fini par devenir des sorcières, se livrant à des magies plus ou moins occultes et discutables : « *Viens ô triple Bombo, Déesse infernale, et terrestre et céleste, déesse des chemins et des carrefours ! Ennemie noctambule de la lumière, amie et compagne de la nuit.* » (Origène).

QUELQUES MOTS SUR LE HÊTRE OU LE MAI : HYMNE À LA VIE

Qui évoquera l'influence de la Lune sur les marées, les moissons, la Nature ou les femmes ? Le printemps est-il seulement l'œuvre du soleil chaleureux ? À l'équinoxe de printemps, soleil et lune voguent dans le ciel, décalés certes, mais selon une harmonie qui autorise leur hiérogamie. Le mois de mai parachève le cycle, printemps généreux en promesses, en fleurs, en chants d'oiseaux… Et en joyeuses danses. Voici le temps de l'homme vert, du cycle printanier et du renouveau de la vie de la nature. Un hymne à la vie renaissante, sous tous ses aspects.

Le hêtre est le plus frileux des arbres. Ses feuilles apparaissent en mai, pour disparaître dès septembre. Il s'offre la royauté du mois de mai, qu'il partage avec une reine très attrayante, l'aubépine. Cet arbre symbolise la confiance, la patience, la douceur, ou la solidité et la puissance. Chez les Celtes, il représente la connaissance écrite. Son contact favorise la persistance sans faille, la sérénité et aide à retrouver la confiance en soi. Il a le rôle de lien entre les mondes — le bouleau également. L'aspiration de l'homme vers le sacré prend appui sur lui et il semble avoir été sacré depuis le néolithique — ce qui reste à prouver. Les Celtes lui auraient préféré le chêne comme roi de la forêt, peut-être pour se distinguer des croyances des peuples autochtones ? Cette affirmation a pu se traduire dans le *Combat des arbres,* qui aurait mis en lumière une lutte de suprématie. Entre Arbres-maîtres ou entre humains égotiques ? Mais alors pourquoi l'aulne serait-il entré en concurrence avec une déesse-arbre ? Ensuite au fil du temps et avec le christianisme, le hêtre, « fou » ou fayard se pare de valeurs négatives et devient l'arbre des sorciers.

Ou celui des fées !

Parmi les hêtres admirables, citons celui de la forêt de Paimpont ou Brocéliande, en lien avec la famille de Laval. Un poème, *L'Éloge de l'arbre* lui est dédié. Voici le roi des feuillus, l'arbre-mère. En Suisse, il s'annonce comme « le Mai », et tous attendent avec impatience ses premières feuilles, faute de quoi les jeunes gens ne peuvent courtiser leur belle. L'apparition de ces dernières mettait en route, dans ce pays, le calendrier agricole. Un jeune arbre de cette espèce est présent dans le tableau « la nef des fous » de Jérôme Bosch. Le peintre joue ici sur les mots, avec la verve de l'artiste.

Pour sa part, l'aubépine (ou épine blanche) est liée à la Vierge qui se serait abritée sous ses branches, lors de la fuite en Égypte. Auparavant, la mythologie latine la relie à la nymphe Carna et au dieu Janus. La belle jouait les coquettes, aguichant dieux et passants. Elle les conduisait jusqu'à une caverne profonde, où elle disparaissait dans le fond obscur. Or, Janus avait l'avantage de ses deux visages, si bien qu'il entrevit la cachette et poursuivit la jeune fille de ses assiduités jusqu'en sa retraite. Pour le prix du viol, il lui fit don d'une branche d'aubépine.

Celle-ci a une puissante vertu protectrice, une force peu commune et une résistance à toute épreuve. Ses qualités lui viennent de son bois d'une dureté extrême et de ses épines, dissuasives. Ainsi, elle est devenue l'arme de protection contre les indésirables, en particulier les esprits malfaisants. On dit, par ailleurs, qu'elle facilite le voyage astral. Qui mieux qu'elle pouvait parrainer le joli mois de mai ? Pour de nombreux peuples, elle porte bonheur. Les Gaëls ne la coupent jamais, par crainte de s'attirer les pires ennuis. Si le hêtre affectionne les sorcières, l'aubépine joue le contre point et rétablit l'équilibre des puissances antagonistes de la nature.

Certaines traditions font état de l'importance d'apporter un mai à la Terre-Mère, le 1er mai. De là découle le cycle de mai, qu'illustrent Walpurgis, ou dans un autre registre, *Le Songe d'une nuit d'été,* de Shakespeare. En réalité, le cycle de mai s'inscrit comme une série de festivités célébrant la nature qui revit après le sombre et glacial hiver. Les esprits de la végétation sont représentés par un rameau vert et/ou un humain, d'où le mythe de l'homme vert. Voici le temps de l'hommage amoureux de la gent masculine à la gent féminine. Euphorie, joie et prophylaxie des plantes sont également à l'ordre du jour. On se déguise avec des fleurs, des ramilles, des branches ou des fruits. On désigne des reines ou des « belles » de Mai. On dresse des arbres enrubannés ou des mats pour fêter le printemps retrouvé. On célèbre toutes les divinités qui enchantent le mois printanier, le « Feuillu », Merlin, ou les solides déesses celtes comme Epona, Macha ou Rhiannon.

Le mois entier peut s'avérer bénéfique ou maléfique. On y gagne abondance ou ruine, si la lune fantasque s'interpose dans le cursus végétatif. Le « Feuillu » (le hêtre) demeure l'arbre des revenants. Des chasses sauvages (ou chasses Artu), Walpurgis en réalisent le côté sombre. D'étranges cavaliers et de non moins étranges montures entraînent des participants hébétés dans une chevauchée aérienne et hallucinée. Les dames vertes, les fées-serpentes, les messagères de l'au-delà, les lavandières nocturnes, comme celle qui rinçait la dépouille de Cuchulainn au matin même de sa mort, les serpents et dragons appartiennent aussi aux forces de l'ombre. Tous manifestent leur vitalité au temps de mai. Jadis, en Suède, un duel opposait au sein d'un labyrinthe deux hommes, l'un symbolisait l'hiver et l'autre l'été. Souvent, la journée fatidique était la dernière du mois d'avril… Le sort de la vie sur terre dépendait de cette lutte. Il fallait que le Jour triomphe de la Nuit et que s'accomplisse l'éternelle ronde du temps cyclique.

Aussitôt après venaient la libération et la fête, avec une végétation innombrable prête à assurer une protection efficace sur les hommes et les bêtes. Beltaine changeait la donne. Les réjouissances s'imposaient, à condition que les tendres jeunes filles n'aillent pas danser sur l'herbe d'égarement et restent sagement au sein des rondes villageoises. Il fallait, peut-être, recueillir la rosée de mai. Elle se révèle « lunaire », purificatrice. Elle correspond au miel des astres ou lait céleste, se nomme fleur du ciel, écume de printemps, transforme en or la lèpre ou rouille des métaux, sur le plan alchimique, et si l'on en croit A. Glauser-Matecki, dans *Le premier mai ou le cycle de printemps*. Peut-être est-il question d'alchimie ?

MORT ET RÉSURRECTION DE LA NATURE

Osiris a été coupé en trois parties en ces quatre jours et ces huit nuits qui sont siens.

Textes des pyramides

Dans les mythes traditionnels, la mort-résurrection de la Nature se voyait dépeinte à travers les dieux de la végétation qui avaient subi une mort, suivie d'une résurrection : Osiris ou Adonis. Des drames divins ou Mystères évoquaient leur mort (ou leur sacrifice) pour que vive Dame Nature. Chaque culture apposait sa touche personnelle. La passion d'Osiris, *le premier des Occidentaux* [des défunts] s'avère connue de tous. Une symbolique en lien avec le principe d'éternité de la vie et du temps cyclique, actualisé par le blé qui germe après avoir été enfoui en terre, s'impose. Une problématique de l'initiation qui passe par la mort comme étape première se dégage, renforcée par ce que l'on sait des Mystères qui se déroulaient en Abydos. Dès le temps des *Textes des pyramides*, le mythe et sa scénographie ont été mis en place et Pharaon jouait le rôle du dieu. Non seulement Osiris est mort, tué par son propre frère, mais son corps a disparu. Ses deux sœurs, sous les traits de vautours nécrophages, parcourent l'Égypte entière dans le but de retrouver la dépouille. À l'issue de nombreuses tribulations, elles parviennent à leur fin. Ce n'est pas pour autant que tout est joué. Il faudra deux autres quêtes pour que s'accomplisse l'œuvre de résurrection, celle de son fils Horus porteur d'un onguent et celle de Geb, le dieu de la Terre, qui vient frapper et anéantir les puissances hostiles au dieu de la végétation. En effet, sans la présence de celui-ci, aucune vie ne peut se développer sur terre. Tout est promis à une mort certaine. Or, le dieu gît dans le tronc d'un sycomore. Enfin, aux termes de deux morts — il sera ensuite découpé en morceaux par son frère Seth et jeté aux quatre horizons — et de trois épreuves subies par ses proches, la magie active d'Isis et le soutien de Nephtys, qui dissout toute putréfaction, pourront opérer. Et le corps divin peut revenir, sublimé, à la vie. Le redressement du pilier Djed marque cette étape. Ultérieurement seront instaurés les Mystères d'Osiris et une fête, à la nouvelle lune, en Abydos.

En Mésopotamie, Inanna-Ishtar a fonction de déesse de la vie, de la fertilité, de la fécondité, et tout périclite quand elle a l'idée saugrenue de descendre aux enfers, se mesurer avec sa sœur Ereshkigal. Ici, c'est l'époux, Dumuzi, pâtre, qui joue le rôle du sacrifié et se voit contraint par des esprits démoniaques à prendre la place de son épouse, empalé, dans *la steppe* [le monde infernal].

L'histoire d'Adonis, pour sa part, entre dans un registre tragi-comique. Voici le plus charmant adolescent que la terre ait porté. Dès qu'elle le voit, la déesse Aphrodite en tombe éperdument amoureuse, ce qui n'est pas du goût de l'amant en titre, Arès. Ce dernier suscite un sanglier monstrueux qui, bien entendu, s'acharne sur le pauvre jeune homme. Il descend aux Enfers, où Perséphone s'éprend de lui, aussitôt. Drame dans le monde des dieux. Il faut l'intervention de Zeus pour arbitrer la querelle entre les deux déesses. Juste, le maître de l'Olympe autorise Adonis à passer six mois sur terre et six mois aux Enfers. Voilà donc un doublet du mythe où intervient Coré-Perséphone, avec un acteur masculin. Une fois encore, mort-résurrection et/ou alternance des saisons sont à l'honneur, pour que soit glorifiée la souveraine Nature.

NATURE ET SACRÉ

Divers aspects de la Nature sont sacrés, sanctifiés, voire intouchables. Au temps lointain de la préhistoire, ces notions avaient cours, magnifiant la vie végétale, animale ou minérale, puis elles se sont estompées au fil des ans, jusqu'à une désacralisation totale. Actuellement, il semblerait que l'on revienne lentement vers cette approche première, bien que certains ne soient pas encore réceptifs au fait que la Nature ait sa propre vie et qu'elle soit vue comme une divinité. La Nature et le sacré reposent sur des traditions qu'il conviendrait de remettre au goût du jour. Deux attitudes sont envisageables : soit la nature est un lieu où se déroulent des cultes et on peut l'assimiler à un temple, discret ou grandiose jusqu'à l'ostentation, selon les lieux ; soit la Nature elle-même devient l'objet d'un culte et elle se pare des traits, de la vêture et de la parure d'une Déesse. Divers thèmes se dégagent.

— Culte de la Déesse-mère :

La déesse-mère se révèle comme la première divinité connue au cours de la préhistoire et jusqu'à nos jours. Certains esprits chagrins lui dénient toute autorité, voire toute réalité. Cependant, sur les parois pariétales, l'Animal vit avec une frénésie époustouflante et l'on s'attend presque à le voir surgir de son cadre pour venir nous traquer. À côté la femme déifiée se complaît parmi les monstres et les redoutables herbivores, nue, mais dotée d'une large prestance. Avec le néolithique, la même opulente représentante de la féminité patronne récoltes, fécondité des troupeaux et descendance nombreuse. La maternité lui donne parfois un prestige que l'on retrouve chez Isis, puis chez la Vierge, son héritière. Terre et mère ne forment qu'une seule entité, sans nom si ce n'est celui de « Grande Déesse ».

Sur ce culte venu de la nuit des temps, se greffent :

— le culte des pierres et rochers, naturels et artificiels, certains sont masculins et verticaux, d'autres féminins, et parfois des cupules ou des bassins les ponctuent, et ce dès le paléolithique. Toutes ces pierres, qui virent, dansent, tous ces menhirs et autres dolmens ont été le cadre de cérémonies plus ou moins publiques, plus ou moins occultes. D'aucuns supputent que les bassins ont servi à des libations, ou pire, à des sacrifices. Les dolmens entrent dans la problématique de la mort et de l'initiation. Quant aux pierres dressées, isolées, elles ont pu servir comme point d'acupuncture de la terre ou comme gnomon, disposées en alignement, elles évoquent quelque temple stellaire et des préoccupations calendaires ou archéo-astronomiques. Toutes dégagent une aura de sacralité.

— les cultes agraires à partir du néolithique.

— les cultes en lien avec les grottes ou les mines. Il convient de distinguer celles qui ont été occupées à une date ancienne — ventre témoin de cérémonies tribales, lieu sépulcral pour les membres importants de la tribu de celles qui ont servi ultérieurement. Ces dernières, parfois artificielles, abritent des ossuaires [hypogées] ou des temples. Les premières mines, recelant un bien précieux sur le plan symbolique, ont pu avoir une relative sacralité.

— tous les lieux où évoluent les fées, qui sont l'expression plus moderne de la déesse ou des esprits de la nature [Élémentaux, gnomes, farfadets, etc.]. La Nature devient temple et la forêt, le bosquet, la clairière sont les endroits privilégiés où évoluent de multiples créatures que souvent, l'on imagine ou l'on distingue furtivement, sans trop avoir conscience de leur véracité, sur un plan qui n'est plus celui de la réalité ordinaire.

— Cultes liés à l'Eau :

C'est une banalité que d'affirmer que l'Eau constitue le second aspect de la féminité divine — l'Eau maternelle, l'Eau matricielle. Elle nourrit et purifie tout organisme ; elle demeure une composante essentielle de la planète Terre, jouant la fonction du pôle féminin face au rocher, à la pierre, tous deux masculins. De tout temps, l'homme a recherché cet élément bénéfique, lui vouant une déférence sans faille, un amour inconditionnel. Cela se manifeste ainsi :

— un culte des sources, lacs, rivières avec offrandes propitiatoires dans les premières, ou les gués. Les Celtes ont usé et abusé des eaux thermales, créant des sanctuaires à leurs abords. Des Nymphes veillaient au bon déroulement des propitiations. Certaines, comme Druentia, la Durance, étaient susceptibles de folles colères dévastatrices.

— Un culte de l'eau souterraine, des gouffres, puits, résurgences, analogue au précédent, mais plus ténébreux, car les profondeurs cachent d'insondables mystères et/ou des créatures plus ou moins magiques, telles que les Vouivres ou les Dragons.

— Cultes à la Lune :

Dame Lune, reine de la Nuit, représente, elle aussi, le côté sombre de la féminité, que ce soit l'obscurité nocturne des temps sans lune, que ce soit cette dernière, troublante, exaltante ou glaciale. Ces deux manifestations ont entraîné des cultes divers. Stonehenge devient l'exemple du temple luni-solaire, érigé par les peuples protohistoriques, dans son aspect le plus solennel et le plus grandiose. Voilà le culte officiel aux divinités stellaires. L'île de Sein et son collège de druidesses, qui a tenté de survivre au christianisme, représentent le côté féminin de la question, analogue à celui des Mystères antiques. Certaines femmes ont tenté de sauvegarder la vieille religion, mais peu à peu, aux Mystères grandioses et effrayants, s'y est substituée une sorcellerie encore plus occulte et terrifiante. Les sorcières ont été odieusement pourchassées. Actuellement, il y a un regain de ferveur pour des cérémonies cachées dans la nature au clair de lune.

— Culte des arbres :

L'arbre a parfois un rôle dans la genèse de l'espèce humaine. Cette croyance est largement répandue, d'où l'arbre de vie [chêne]. Des oblations sont faites aux arbres millénaires, des chapelles ou des autels se nichent en leurs frondaisons. Il y a aussi, chez les Celtes, des offrandes d'arbres dans des puits, où ils sont jetés, feuillage en premier. Effectivement, il correspond à la manifestation sublimée de la vie végétative, à toutes les époques et sous toutes les latitudes. Sa sacralité se manifeste diversement :

— l'arbre à souhaits : à Bras, un cerisier mort est devenu un arbre à souhait ; cette tradition semble archaïque, connue en Irlande ; parfois, des mannequins enrubannés de colifichets, de messages de vœux ou accompagnés de dépôt de nourriture portent les espoirs de personnes superstitieuses ; ils sont les rois de manifestations en lien avec le printemps ; parfois, ce sont des vêtements qui sont apportés dans l'espoir d'une guérison ; le chamanisme asiatique souscrit à de telles traditions et les

Arbres-maîtres sont couverts de rubans ; il arrive que les fées ou autres esprits sachent concrétiser les rêves des humains, à condition qu'ils aient le cœur pur et des intentions avouables ;

— l'arbre de mai : parmi les coutumes relatives au printemps, on coupait un arbre pour le dresser et en faire le pilier de la fête, nouveau mât chamanique, nouvel axe du monde ; celle des rameaux entre également dans cette dynamique de renouveau et de promesse de vie ;

— arbres-guides : d'une manière analogue à celle du règne animal, l'arbre peut avoir une fonction totémique pour un individu ou un chaman ; chez les Celtes, il représentait parfois toute une tribu ;

— herbes magiques et médicinales sont aussi objets de cueillette et probablement de vénération ; quant aux champignons hallucinogènes, dont l'usage remonte à la nuit des temps, ils sont souvent déifiés ou diabolisés.

— *Nature comme Temple :*

Selon les moments et les opportunités, la Nature a pu être considérée comme un temple ou plus exactement un espace-temps sacré :

— un espace-temps sacré ; la forêt sacrée des Carnutes, le *nemeton*, qui est en fait un enclos avec palissade, les clairières consacrées appartiennent à cette veine ; cette tradition perdure et une forêt comme celle de la Ste Baume, qui n'a aucun caractère antique ou primaire, est devenue, depuis qu'elle est menacée et un peu exceptionnelle, une sorte de sanctuaire d'espèces diverses et protégées qui appartiennent soit au milieu méditerranéen, soit à un milieu plus montagnard ; la vénération actuelle s'est forgé une prétendue antiquité vénérable et druidique ;

— les falaises, rochers, montagnes, hauteurs, tous expression de la polarité masculine du plan divin ; le mont Bego, sanctifié dès la fin du néolithique par l'apport de gravures pariétales en donne un exemple évident ; les abords des sources, les lacs, etc., entrent dans ce cadre ; les grottes sanctifiées dès la préhistoire lointaine ;

— la forêt elle-même, impénétrable par nature ;

— le ciel étoilé, dont la magie devient astrologie, puis calendrier.

— *Religions proches de la Nature :*

Tous les primitifs et les nomades ont un contact privilégié avec la Nature d'où :

— le chamanisme où peut œuvrer un homme investi par les esprits, tant animaux qu'entités peuplant la forêt ; ils ont la grotte ou une tente pour manifester leur pouvoir, car ils interviennent dans trois mondes, souterrain, terrestre et céleste ;

— le culte des arbres et des produits de la nature, comme les céréales, la vigne, à partir du néolithique et des débuts de l'agriculture ; et l'on en vient à la « Dive bouteille » ;

—le druidisme, qui considère comme sacrés le gui et de nombreuses autres plantes, qui use de magie pour créer des êtres extraordinaires comme Blodeuwed ou pour perturber l'ennemi avec le voile de l'illusion ; *Le Combat des arbres* appartient à cette veine et vante l'éternité de la vie et/ou l'immortalité de l'âme ;

— la magie et la sorcellerie antiques et médiévales, où la lune et la nuit ont la part belle.

Nous assistons aujourd'hui au renouveau de certaines de ces pratiques ancestrales. La nature est en vogue, dans un besoin de ressourcement. Cet engouement suscite de belles approches de la splendeur de la Nature, mais également des déviances commerciales ou proches d'une magie de mauvais aloi.

— Nature et Gaïa :

Il y aurait tant à dire sur les relations entre la Nature maternelle, mais parfois étouffante et mortelle. Pouvons-nous la considérer comme la fille de Gaïa ? Féminines et mères, elles offrent toutes les deux les mêmes traits de caractère. Si l'une réagit, la seconde emboîte souvent le pas. Gaïa a des réseaux de force qui l'alimentent et la protège. Dame Nature se targue de lignes sacrées, de temples élevés en son sein, de bosquets vénérables, d'Arbres-Fays protecteurs et solidaires du reste de la forêt.

Rappelons brièvement quelques anecdotes qui complètent le portrait légendaire de la Nature. En Grèce, selon Hésiode, la troisième race, guerrière, est issue de la Dame du Frêne. Dès lors, on comprend pourquoi l'œuvre du monde a soudain dérapé. Le frêne a fourni la hampe de la lance au héros, les hommes ont guerroyé entre eux, s'entretuant au nom d'idéaux différents, ou pire de divinités concurrentes. Fautive, la Nature elle-même a donné l'arme qui allait servir à sa propre destruction. En Lituanie, Blinda se dévoile comme une femme si prolifique que la terre mère, jalouse, en prend ombrage et finit par la métamorphoser en saule. Par chance, ici, Gaïa conserve le contrôle de la vie qu'elle a donné à tous. Et dans nombre de traditions, le saule conserve une valeur thérapeutique.

Laissons à Hermès Trismégiste le plaisir de conclure : la Féminité, sous les traits de Nature, arrive la première à la vie. Voilà Korè Kosmou, la vierge du monde, aussi belle que sublime, aussi active que féconde. Aussitôt, elle se lance dans l'œuvre de création en s'unissant avec Labeur. Elle donne vie à une fille nommée Invention. Puis, tout s'enchaîne. Le dieu Hermès produit des esprits, puis *des myriades d'âmes (…) ainsi jusqu'à 60°* ; il mêle les quatre éléments dont il forme l'être humain, etc.

Il dit et aussitôt l'unité cosmique, encore obscure, fut divisée, et dans les hauteurs apparut le ciel avec tous ses mystères. La terre, encore instable, s'affermit sous la lumière du soleil, et apparut avec tous les riches ornements qui l'enveloppent.

Hermès Trismégiste, *Korè Kosmou* (traduction Louis Ménard)

L'ÂME DE LA NATURE, L'ÂME DU MONDE

L'âme de l'éternité est Dieu,
l'âme du monde est l'éternité,
l'âme de la terre est le ciel.

Hermès Trismégiste, livre 1er, XI

Diverses expressions chantent et vantent l'âme de la Nature et celle du monde. Elles savent prendre, dans notre appréciation, des aspects d'exception. Déesse ou arbre, sève ou produit de la Nature, elles savent se sublimer jusqu'à se transmuter en élixir. Des dieux, aussi, les portent en leur sein jusqu'à l'ivresse, à la mort inconditionnelle qui devient immortalité. L'Éther n'est-il pas au fond de quelque jardin secret, dans une plénitude qui s'apparente au Vide ? Qui saura les décrire ? Hermès Trismégiste narre la venue à la vie de *Korè Kosmou*. Les anciens Égyptiens ont un faible pour la Dame du sycomore. La Gnose met en avant d'étonnantes entités comme Brontè, Barbélô ou l'Âme, toutes animatrices de l'univers. Peut-être l'âme du monde est-elle partout ?

Un peu de poésie met du baume au cœur et permet d'appréhender sans cogiter des notions et concepts subtils :

10 *À ces mots, le Dieu sourit et dit : « Que la Nature soit ! », et un objet féminin de toute beauté jaillit de sa voix, — ce qu'ayant vu, les dieux furent frappés de stupeur, — et le Dieu Premier-Père, l'honora du nom de Nature et lui ordonna d'être féconde.*

11 *Et voici encore les mots qu'il prononça en fixant du regard l'espace environnant : « Que le ciel soit rempli de toutes choses et l'air ainsi que l'éther ! ». Dieu dit et cela fut.*

12 *Or après s'être consultée elle-même, Nature reconnut qu'elle ne devait pas désobéir au commandement de son père, et,*

> 13 *s'étant unie à Labeur, elle enfanta une fille très belle, qu'elle nomma Invention, et à laquelle Dieu accorda d'être. Ayant séparé les choses déjà produites, il les remplit de mystères, et à Invention, il accorda d'avoir autorité sur eux.*
>
> Hermès Trismégiste, *Korè Kosmou*

Ce mythe cosmogonique aborde les questions d'émergence (*Korè Kosmou,* l'Âme du monde ou la vierge cosmique), puis de création. Celle-là donne ensuite le jour, après une hiérogamie avec Labeur, à une fille, nommée Invention — on dirait Créativité aujourd'hui. Puis, le dieu Hermès remplit le monde supérieur d'esprits, il crée Animation. Celle-ci est à l'origine de myriades d'âmes. Notons la succession des étapes : Verbe, engendrement grâce à la Vierge cosmique, peuplement spirituel d'un monde qui n'existe pas encore et enfin, création. Le texte précise que les âmes sont antérieures à l'homme. Comme elles sont punies, ce dernier est alors créé pour les recevoir. Une première fois, apparaissent les quatre Éléments, constitutifs de l'être humain. Puis, l'œuvre cosmogonique reprend, avec la création des planètes (et métaux). L'unité cosmique se voit divisée, avec le ciel en haut et la terre en bas, vivifiée par le soleil. Une nouvelle fois se manifestent les éléments, feu, air, eau, terre, qui se plaignent d'être souillés. Dans cette approche, il convient de distinguer l'Âme de la Nature, la terre en tant qu'élément, la planète qui nous abrite et Dame Nature qui nous environne de ses bienfaits comme la forêt. Korè Kosmou a la primeur, bien que sa position hiérarchique l'inféode à Hermès Trismégiste, le démiurge.

GNOSE ET FÉMINITÉ DIVINE

Avec une verve parfois épique, de nombreuses allégories féminines viennent contrebalancer un pouvoir masculin et divin pesant et prégnant, au sein du mouvement que constitue la Gnose. Comme dans le mythe de *Korè Kosmou,* une présence féminine et animatrice s'imposait. La dualité masculin-créateur et féminin vivifiant ou esprit-âme réclamait la glorification d'une féminité toujours fécondante, parfois exubérante et étouffante. Ainsi, des personnalités diverses, comme Sagesse (ou la Sophia), Pensée, Brontè, Barbélô, l'Âme enchantent une littérature que les Pères de l'Église ont combattue avec une aigreur farouche. Comment et pourquoi opposer à un Dieu omnipuissant, une Âme du monde, seule susceptible d'aviver une création pensée, mais sans réelle existence ?

Un mot, avant tout sur la « Gnose ». Le terme signifie « co-naissance », ce qui se traduit par arrivée à la vie commune. Étrange ! En fait, est sollicitée la mémoire akashique de l'univers, un savoir inné, venu des profondeurs insondables d'on ne sait quoi — le Vide peut-être. Outre la glorification d'une vierge cosmique, d'une Pensée, d'une Sagesse, voire d'une Âme, qui président à nos destinées, émerge une science totale et unificatrice, une science qui n'a plus besoin de mots pour s'exprimer et que seules, peut-être, musique et poésie peuvent traduire. La Connaissance se situe à l'origine du déferlement créatif qui constitue le monde sensible. L'Esprit, immatériel, se donne une contrepartie d'une activité inlassable, laquelle prend des noms et des vertus multiples. Cette entité de nature féminine, émanée, se révèle prolixe dans le processus agissant :

En se connaissant, elle [Barbelô] *connut celui-là* [l'Esprit invisible] *et elle devint cachée ; elle agit en ceux qu'elle connaît.*

L'Allogène.

— *Barbélô :*

Il demeure difficile de dessiner un portrait de cette entité qui apparaît sporadiquement dans la littérature gnostique. Certes, elle a donné son nom au groupe des Barbélognostiques. Certes, Simon ou Carpocrate ont contribué à la rendre populaire. Elle se définit comme une Puissance appartenant au huitième ciel et appartient aux hiérarchies des Êtres supérieurs, parfois nommés Éons. Disons qu'elle s'apparente à une Déesse, mère du monde qui se situe à l'origine de la vie, à l'Âme cosmogonique. Zostrien vante le souci qu'elle a de se connaître elle-même et le fait qu'en réalisant cette introspection, elle se divise, ce qui provoque la manifestation.

— *Brontè* :

C'est moi la femme
Et la vierge
C'est moi la mère
Et la fille... (…)
C'est moi l'Intellect [parfait]
Et le repos du [...]
C'est moi la Connaissance
De ma recherche
Et la découverte
Pour ceux qui me cherchent. (…)
C'est moi l'Essence
Et celle qui n'a pas d'essence.

Brontè

Étonnante entité qui se décrit avec complaisance et se pare d'innombrables qualités. Son nom signifie « Stupeur », mais nombre de commentateurs préfèrent celui de « Tonnerre » que lui ont donné les premiers traducteurs. Comme d'autres, elle peut prétendre figurer parmi les personnes féminines divines qui se rattachent à l'œuvre de création et à l'animation du monde et à ses réalisations.

— *La Pensée* :

Parmi les Éons universels, il y a deux aspects qui n'ont ni commencement ni fin, jaillissant d'une racine commune qui est le silence, le Pouvoir invisible, inaccessible. De ces deux branches, l'une apparaît au-dessus : voici la Grande Puissance, l'Esprit universel qui

*imprègne toutes choses et qui est un homme ; l'autre apparaît au-
dessous, la Grande Pensée qui est une femme et qui donne naissance
à toutes choses.*

Simon, *Apophasis mégalè*

Tout comme la Sagesse, la Pensée revêt des noms multiples, tels
qu'Ennoia, la Pensée dans le sens de réflexion, Épinoia, avec le sens
d'imagination, Pronoia, la Sagesse prévisionnelle, la prescience, ou
encore *Protennoia trimorphe*, la Pensée première trimorphe. Celle-
ci fait appel à la volonté, à la pensée et à la vie. Quel obscur dessein
se cache derrière cette phraséologie et ce vocabulaire, qui met en
exergue l'acte de penser sous toutes ces formulations ?

Simon le Magicien, personnage étrange et controversé — il se prend pour
le Messie —, développe, au début du christianisme, une étrange théogonie,
avec une dyade fondamentale. Si l'Esprit se révèle peu actif, sa
contrepartie féminine donne vie à tout. Selon lui, le Monde est beau,
jaillissant d'une dynamique éternelle. Celle-ci a pour nom Ennoia. On ne
sait trop si l'auteur tient à réhabiliter son épouse, issue des bas-fonds et
qu'il hisse presque au rang de déesse. Toujours est-il que la Pensée
créatrice devint mère, usant de la parthénogenèse des temps archaïques :
« *Celle-ci devint enceinte et enfanta Intellect, appelé Monogène* [engendré
seul], *Père et principe de toute chose.* » (Irénée, *Contre les hérésies*).

Épinoia, un éon comme les autres formes allégoriques des textes
gnostiques, s'apparente parfois à Sophia, la Sagesse, avec un désir
de susciter une entité à sa ressemblance hors d'elle-même et sans en
aviser son conjoint l'Esprit. Un blâme en découle et une chute dans
la matière. *L'Hypostase des Archontes* s'avère très sévère avec toutes
ces manifestations créatives, mais brouillonnes.

En revanche, Pronoia s'apparente à la lumière, toujours dans ce même
écrit, où elle revêt aussi le nom de Barbélô et devient vierge
cosmique. Cependant, il semble qu'elle commette, elle aussi, une
erreur, mais elle en est pardonnée et retrouve sa perfection initiale.

— La Sagesse :

Les lèvres de la Sagesse sont closes, excepté aux oreilles de la Raison.

Kybalion

Dans la Bible, il est question de la Sagesse comme de la « fiancée » spirituelle du roi Salomon. Sagesse se dit *Achamôth* en hébreu, mais le terme de *Sophia*, issu du grec, prédomine dans les écrits hébraïques récents, comme *Le Livre de la Sagesse,* prêté à Salomon. On décèle plusieurs approches du mot « Sagesse » dans les différents courants de la Gnose et selon les différents auteurs, comme Silvanos, Valentin, *L'Hypostase des Archontes*, où elle se nomme Éléleth, ou encore *Pistis Sophia*. Une richesse insoupçonnable s'attache à cette nouvelle femme divine, qui devrait faire preuve de réflexion dans sa conduite. Or, tel n'est pas toujours le cas. Elle se révèle parfois sinon écervelée, du moins assez inconséquente et elle paie cher le prix de cette insouciance.

Les leçons de Silvanos sont un pastiche du *Livre de la Sagesse*. Le thème du propos se réfère à l'Âme qui tient à renouer avec sa parenté, Dieu Père et Sagesse Mère. Aurait-elle conscience de ses défauts ? Un passage évoque les trois vêtements du sage, la robe de la sagesse, la couronne de la connaissance, le trône de la perception. Comme l'auteur appartient à la mouvance des apôtres, on apprend que la Sagesse, en fait, s'identifie au Christ.

La cosmogonie-théogonie de Valentin, qui vivait au début du christianisme, est si complexe que les théologiens de son époque l'ont combattu par incompréhension et jugé hérétique. Il se réfère à un Principe absolu et à sa parèdre Ennoia (Pensée). Tous deux génèrent quinze couples d'éons qui constituent le Plérôme. La Sophia se situe en bas sur le plan hiérarchique, car issue du dernier couple d'éons. Elle est attirée par la lumière qui vient des plans supérieurs et a l'envie d'y aller, ce qui entraîne sa chute. Elle devra être réhabilitée, grâce à un Sauveur (le Christ). Son drame est longuement décrit dans *Pistis Sophia*, titre qui appartient à l'école valentinienne.

Pistis Sophia est un terme que l'on peut traduire par « Foi-Sagesse » ; l'usage a préféré « Fidèle Sagesse ». Comme nombre de ses consœurs, elle commet une bévue — elle se laisse séduire par la lumière éblouissante issue des plans supérieurs et aspire à la rejoindre. Pour la ramener à une plus juste valeur, le chef du cercle auquel elle appartient, Adamas, suscite une lueur fallacieuse dans les profondeurs des mondes inférieurs et la malheureuse Pistis Sophia se précipite à sa perte dans un abîme insondable. En larmes, elle supplie que quelqu'un ait pitié de sa détresse et lui vienne en aide. Cette charge sera dévolue à Jésus. Ce dernier, parvenu au 13ᵉ ciel, l'aperçoit et compatit. Le récit, emphatique, mais poétique, décrit la lente remontée de la pécheresse, le tout entrecoupé de savants commentaires des *Psaumes* de Daniel, par Marie de Magdala, disciple préférée de Jésus.

— Éléleth :

C'est moi la perception et la connaissance. (…)
C'est moi l'image de l'Esprit invisible
— et c'est de moi que toute chose a reçu image —
Et la mère, la lumière, celle qu'elle a établie, qui est vierge,
Celle qu'on appelle Meirothéïa [Mère divine], *la matrice incompréhensible,*
Le son insaisissable et incommensurable. (..)
Alors une parole sortie de la grande lumière   Éléleth. (…)
Je suis une, étant immaculée.

Protennoia trimorphe

Éléleth jouit d'une position un peu particulière dans cette galerie de portraits féminins en lien avec la gestation ou l'animation du monde. Elle se définit comme l'aspect lumineux de la Pensée première de l'Esprit invisible, elle se présente comme un ange descendu sur terre pour une mission d'instruction et comme le quatrième Illuminateur, dans l'écrit cité ci-dessus. Ses qualités premières sont la perfection et la sagesse. Émanation de l'esprit sous une forme triple, elle a un rôle proche de celui de la Shakti en Inde, génératrice de formes, et se situe à l'origine de toute manifestation.

— L'Âme :

Les sages qui nous ont précédés ont nommé l'Âme d'un mot féminin, et dans la réalité aussi, elle est femme par sa nature ; elle est même dotée d'une matrice.

L'Exégèse de l'Âme.

Reste l'âme, non pas individuelle, mais l'Âme générique ou Âme universelle. En fait, deux notions sont à distinguer. D'une part, l'Âme universelle qui équivaut à la Sagesse, telle qu'elle est envisagée dans les *Proverbes* de Salomon. De l'autre, la foule des âmes individuelles, souvent incorporées en force dans une enveloppe humaine, thèse que défend *Authenticos Logos* ou *Enseignement d'Autorité*. Dans *L'Exégèse de l'Âme,* il est question de la première, à l'origine de tout, la féminité qui donne vie, forme, matière. Enfin, dans *L'Évangile selon Marie,* de la mouvance chrétienne, les deux acceptions se côtoient, avec un splendide passage évoquant la montée vers le haut de l'Âme qui s'apparente ici à la Sophia.

LA DAME DU SYCOMORE

Remontons le temps. Comme le supputent certains chercheurs, la tradition égyptienne se targue d'une grande antiquité et les divers courants philosophiques et religieux ont puisé à cette source. Ainsi la Gnose. Aux temps mythiques, nombre de divinités égyptiennes s'imposent dans une nature alors omniprésente, où nombre d'arbres ont un caractère sacré :

— Hathor :

Cette déesse primordiale reçoit parfois le titre de « déesse du sycomore » ; immortelle, elle contemple le ciel, la terre, la Douat (ou monde des morts). Sa vie lunaire se dévoile dans l'univers sous les traits d'Isis et Nephtys.

— Amenté :

Plus généralement voici la « Dame du sycomore ». Elle se manifeste à la fois comme la montagne du couchant ou du pays de la vérité de parole et comme divinité, avec l'épithète suivante : *la déesse-arbre est la gardienne des portes de l'au-delà.* Précisons ici que le « sycomore » n'est pas l'érable sycomore défini par Linné en 1753, mais le figuier-sycomore, arbre fruitier originaire d'Afrique centrale. La déesse apparaît au Nouvel empire et lui est associée une conception bienfaisante et régénératrice des arbres. Malgré sa relation avec les portes occidentales, c'est une manifestation de la vie. Dans l'iconographie, elle se voit figurée mi-femme, mi-arbre. La déesse-sycomore n'est pas seulement un lieu dans l'au-delà, mais elle est le symbole de celui-ci dans son entièreté.

— Oupouaout :

Ou « Celui qui ouvre les chemins ». Il est représenté comme un chien ou un chacal sortant d'un tamaris. Voici le guide des dieux, le protecteur des défunts ; à un niveau plus subtil, il manifeste l'énergie élémentaire dans le cycle de régénération.

— Nout :

Voici la déesse du ciel qui contemple tout ce qui se déroule sur terre. Parfois elle se voit assimilée à une déesse-arbre, émergeant du feuillage ou faisant corps avec le tronc ; elle s'associe au figuier-sycomore (?) ou plutôt à l'acacia si l'on se fie à l'iconographie. *La déesse-arbre est Nout la grande.*

— Osiris :

Osiris, enfin, est le dieu par excellence de la végétation.

Rappelons le contexte. Dans l'ennéade héliopolitaine, Rê apparaît en dieu créateur. À sa suite viennent Shou et Tefnout, puis Geb et Nout et enfin, les deux paires de jumeaux que sont Isis et Osiris d'une part et Seth et Nephtys, de l'autre. Isis et Osiris s'unissent dans le ventre de leur mère, instaurant ainsi le mariage. Sur terre, Osiris règne ou délègue ses pouvoirs à son épouse, quand il part en guerre. Hélas, la mésentente règne avec l'autre couple royal, Seth prenant ombrage des qualités et des talents de son frère Osiris. Il n'a de cesse de l'éliminer. Une première fois, il l'enferme dans un sarcophage qui suit le cours du Nil et échoue dans un tamaris. À mesure que l'arbre pousse, il enserre le dieu. L'arbre est coupé ensuite et son fût devient une colonne du palais du roi de Byblos. Isis a beaucoup de peine à le retrouver. L'instinct la guide cependant et elle finit par découvrir son époux qui est devenu un avec l'Arbre de Vie ; ressuscité, Osiris devint le pilier du monde, le lien entre les mondes terrestre et céleste.

Une nouvelle fois, Seth s'en prend à son jumeau. Il le découpe en quatorze morceaux (comme les différentes régions d'Égypte). Isis, aidée de sa sœur Nephtys, doit user de magie pour récupérer les restes dispersés de son époux et lui redonner vie. Grâce à ses doigts agiles, elle reconstitue le corps et l'enveloppe de bandelettes, puis elle bat des ailes au-dessus de la momie pour lui rendre le souffle et s'unit à Osiris pour concevoir un fils, Horus. Elle fuit la colère de Seth et se réfugie dans le delta du Nil pour accoucher du futur roi d'Égypte, qui va instaurer les dynasties pharaoniques. Osiris meurt donc deux fois et devient le symbole de l'immortalité, puisque son épouse lui a insufflé la vie à deux reprises. Des peintures le représentent allongé dans son cercueil d'où émergent des tiges de blé. Les Mystères de la mort-résurrection (du végétal et de l'être humain) sont la clé de cette révélation.

Dans le mythe, l'arbre de Vie tient une place de choix. Originellement, le Chaos en forme d'œuf cosmique, monde où il n'y a que de l'eau, existe avant toute chose. Émerge ensuite la colline primordiale sur laquelle pousse l'arbre de vie (ou une fleur de lotus). Ses frondaisons atteignent la voûte céleste et les étoiles, ses racines plongent dans l'abîme aquatique. Il a fonction de pilier du monde et il équilibre les énergies. Le pilier Djed en personnifie la quintessence. Ultérieurement, il sera menacé par le dieu-serpent Apophis, éternel fauteur de troubles, mais la déesse Bastet veille sur l'Arbre de vie.

Plusieurs essences ont grande réputation. Le lotus, parfois, est choisi comme arbre premier, d'où les divinités tirent leur point d'origine. Les grands dieux ont leur arbre attitré : le lotus, justement, pour Nerfertoum, l'acacia pour Horus et la déesse-arbre (si l'on en juge d'après l'iconographie), le perséa pour Thot et Sechat, le figuier-sycomore pour Osiris et Rê. Cette espèce, nommée usuellement sycomore, est le « figuier des pharaons », un arbre donnant en abondance des fruits généreux. Il se devait d'investir un lieu paradisiaque, celui où allaient les âmes justifiées, l'Amenté se substituant dans certains textes anciens à la Douat. Ce serait « l'arbre *jsd* » qui correspond au pouvoir légitime de Pharaon. Notons qu'il y a parfois confusion dans l'iconographie entre l'acacia et le « sycomore ».

ARBRE ET NATURE SACRÉS

> *Mais la nature est là qui t'invite et qui t'aime ;*
> *Plonge-toi dans son sein qu'elle t'ouvre toujours ;*
> *Quand tout change pour toi, la nature est la même,*
> *Et le même soleil se lève sur tes jours.*

Lamartine, *Le Vallon*

— *La Nature sacrée :*

Nous avons évoqué déjà l'âme de la Nature. Ce mot a deux sens, un sens commun avec forêts, lacs, montagnes et rivières, bref la campagne et un autre, noble, comme Émanation de Gaïa. Cette dernière, elle-même, sait se parer de l'aura qui investit tout lieu ou temps sacré. Des réseaux la jalonnent — veines du dragon ou grille polyédrique —, des groupes de sites édifiés à la gloire des dieux ou des héros laissent une empreinte tenace. Des bâtisseurs usent du

Triangle d'or pour intégrer leur temple dans un environnement sacral. La Nature devient « temple », à travers l'enclos ou le bosquet. Des arbres vénérables s'auréolent d'une émanation divine. Se dégage un esprit de quintessence. Un instant d'extase et un paysage que l'on qualifierait de banal deviennent l'objet d'une révélation. Ainsi, le banyan témoin de l'illumination du Bouddha. Chacun a ses « jardins secrets », ses endroits favoris où il peut se réfugier ou exalter sa ferveur, sa joie, son amour. Aussitôt, l'endroit se peuple de créatures incertaines, invisibles, intouchables, mais en harmonie avec le ressenti de l'être humain et le coin de nature où il a accès à des champs supérieurs de conscience. Tout est lié. Tout est Un.

Notre vision de la Nature change peu à peu. Il est temps ! Une vision holistique de celle-ci se dégage et une nouvelle formulation de l'animisme voit le jour. Vantons les travaux de Rupert Sheldrake, pionnier en la matière. Il s'interroge sur la question du vivant et du non-vivant. Les objets sont-ils des « choses » ? Ont-ils une existence ? Pour lui, pour Mario Mercier, la nature a une existence à part entière. Notre appréciation de la nature de la vie est en pleine mutation. Nous constatons que Gaïa est vivante et consciente, bien que son type de « conscience » demeure une inconnue pour nous.

— *Temps et lieux sacrés :*

Il y a, certes, un grand contentement à visiter des lieux sacrés, à découvrir le temple de Dendérah, Stonehenge, la grotte du Portel ou le mont Bego. Il y a, certes, une grande joie à participer à des regroupements festifs, à des concerts, à des moments d'échanges et de convivialité. Cependant, générer ces espaces privilégiés entre dans une dynamique plus large. Nous avons eu l'opportunité d'ériger de nombreux labyrinthes en des points déjà chargés sur le plan cosmotellurique, mais nous ignorerons ces projets, au profit d'une entreprise plus vaste. En matière de géographie sacrée, nous avons eu l'occasion de réaliser une étoile à sept rais fictive, virtuelle, dont le centre se situe à Théopolis (Saint-Geniez de Dromon). Un hommage à la nature et à la végétation, son éveil à la mutation de l'ère du Verseau entrait dans notre projet. Les nombres 6 et 7 constituent les signatures de l'Arbre, l'un dans le plan de la matière et l'autre, dans celui de l'esprit. L'activation du cœur par intention a été la première étape.

En relation avec les planètes et les métaux, les pointes, en fin de lignes où sont établis des lieux sacrés ou remarquables, ont été définies ainsi :

— Lune, l'argent et Ristolas ; nous avons tracé un labyrinthe de pierre au pied du monte Viso, aux portes de l'Italie, avec pour dédicace, le printemps et les fleurs ;

— Mars, le fer et la zone de Carpentras ; nous avons eu l'opportunité de nous rendre en un lieu un peu mystérieux, le Point-Étoile, à Monnieux : un bois de pins où trônait un admirable pin-lyre et où se dressait une pierre que la nature avait gravée d'une étoile ;

— Mercure, le mercure et la direction de la Croix de Valberg — la Javie ; dans cette zone alpestre, nous avons choisi d'ériger un mât avec des rubans, des banderoles multicolores, des souhaits, des espérances ; l'esprit du vent est venu tout agiter ;

— Jupiter, l'étain et la direction de Luc-en-Diois, Valence ; La Bâtie-Monsaléon et son glorieux passé nous ont paru propices à une activation en lien avec l'étoile à sept rais, que nous avons dessinée avec des journaux dans une prairie avec la conscience de l'éphémère ; l'aigle de Bonelli devait, ultérieurement, consacrer ces travaux ;

— Vénus, le cuivre et Draguignan, où l'empreinte sacrée du dolmen de la fée et de la chapelle de saint Hermentaire, pourfendeur de dragons, est manifeste ; nous avons visité la chapelle de sainte Roseline où le suave parfum des roses accompagne le visiteur ; puis nous avons réalisé (à la Motte) un carré à neuf cases, plan au sol du cube qui signe la réalisation de l'œuvre ;

— Saturne, le plomb, Gap, le Valgaudemar et la voie du Nord ; nous avons opté pour l'érection d'un cairn dédié aux esprits du vent, sur un col, près du village de Venterol ; un groupe de promeneurs, insouciants, montés sur des ânes, est passé dans la brume incertaine ;

— Soleil, l'or qui engageait une capitale de renom, Aix-en-Provence et une montagne fameuse, dédiée aux dieux des Vents, la Sainte Victoire ; nous avons fait une longue marche méditative dans ces lieux empreints de puissance et chers à Cézanne.

Sur le plan de l'alchimie, l'étoile à sept pointes est la représentation de la matière première de départ et du résultat final, le lapis. Les sept pointes offrent une relation avec les sept planètes des Anciens. En revanche, sur le plan anecdotique et folklorique, les étoiles à cinq rais sont fréquentes en Provence, en particulier sur les blasons.

Le soleil est souvent représenté comme une roue enflammée. L'origine de ce motif remonte aux temps protohistoriques. Une survivance se lit dans les représentations de roues à quatre ou huit rais. Les familles des Baux et de Blacas ont un tel ornement, avec seize rais. En revanche, la Lune est un mauvais soleil. Elle est le soleil des loups ou des lièvres. Jadis, le tombeau de l'évêque Concorde, en Arles, se remplissait d'eau au moment de la pleine lune.

Toutes les étoiles portent des noms spécifiques : Sirius est appelée Jan de Milan, Antarès *lou Panard*, la ceinture d'Orion *lou Bastoun*, la Grande Ourse *carri dis amo* (le chemin des âmes), la Voie lactée *camin d'Alis* (chemin des Champs-Élysées) ou plus souvent chemin de Saint-Jacques, car elle menait droit en Galice. Pour Mistral, l'étoile à sept pointes (*l'estello di sèt rais*) revêt une importance particulière. Santo Estello devient la patronne des Félibriges, dont la fête est le 21 mai.

— *L'arbre de vie :*

Yggrasil a trois racines :
Hel demeure sous la première,
Sous la seconde vivent les Géants,
Et les hommes sous la troisième.

Ancienne Edda

L'arbre de vie est-il une des expressions de l'âme de la Nature ? Affirmons-le. Mythes et légendes s'en emparent pour notre édification. Dans le monde celte, Bile Tartain, un frêne géant (du pays de Meath) existe depuis les débuts du monde. Auparavant, un géant haut comme un arbre était sorti de l'Océan, dans les feux du couchant. Il portait un rameau d'or insolite, car couvert de pommes, noisettes et glands. Cette branche de vie devait donner des fruits aux cinq royaumes d'Irlande, d'où cinq arbres sacrés : le frêne de Tortu, l'if de Ross, le chêne de Mugna, le rameau de frêne de Daithi, le frêne d'Uisinech. Tout cela en un temps merveilleux. Or, au VIIe siècle, le christianisme ordonne l'abattage de tous ces arbres, honteusement éradiqués. Depuis lors, plus personne n'a entendu parler ni de Bile Tartain, ni du géant venu depuis l'au-delà !

Un pêcher merveilleux, en Chine, se voit assimilé, dit-on, au phénix ou au dragon. Il produit un seul fruit tous les mille ans, qui confère l'immortalité. Autant dire qu'il est précieux. En Perse, Saena pousse dans la mer ; il représente la mère de tous les arbres ; ses gardiens sont un poisson et un âne muni d'une corne d'or. L'arbre de vie des Celtes irlandais enfonce également ses racines dans l'Océan primordial, ce qui lui confère la qualité de « Vivant ». Dès 3000 avant notre ère, l'Arbre apparaît, dans l'iconographie proche-orientale, flanqué de deux gardiens. Flotte un air de jardin des délices.

De bas en haut, l'arbre engage la Conscience cosmique :

— ses racines profondes s'enfoncent dans le monde souterrain pour établir un réseau relationnel d'une vitalité sans faille ;

— au contact du sol, le tronc conserve une activité subconsciente en lien avec les strates inférieures et c'est ici qu'il développe sa propre puissance en émergeant au-dessus de la terre nourricière ;

— son tronc croît dans le monde du milieu, plein de turpitudes ou d'élans généreux ;

— ses branches et ses feuilles parlent d'aspiration spirituelle ; elles abritent les oiseaux dont elles connaissent le langage ;

— le sommet de ses frondaisons, racines tendues vers le ciel, a accès à l'Âme du monde.

L'arbre symbolise bien la fécondité, l'immortalité et le don. En lui, chaque parcelle est bonne. Sa sève s'apparente à la rosée céleste. Son bois a de multiples usages domestiques, artisanaux ou industriels ; son feuillage devient litière ou fourrage. Ne parlons pas de ses fruits usuels ou fantastiques qui nourrissent ou confèrent la vie éternelle. Héraclès n'est-il pas allé au bout du monde quérir les pommes d'or du jardin des Hespérides ? Le sublime parfum de ses fleurs s'apparente à la quintessence. L'Arbre de vie et la Nature donnent des aliments qui deviennent des nourritures d'immortalité ou des boissons divines. Reste l'arbre creux de l'alchimiste, d'où s'échappe l'eau de jouvence. Il pousse sur un rocher dont il sait tirer la quintessence.

— L'arbre comme interface :

D'autres fonctions sont dévolues à l'arbre. N'est-il pas universel en appartenant à tous les domaines de la vie et de la Nature ? Pourquoi ne pas dire qu'il est le gardien de secrets ou de lieux inconnaissables ? Sans doute se fait-il aider dans sa tâche par des familiers du règne animal ou des puissances élémentaires de la Nature. Il peut devenir porte ou interface entre les plans de réalité. Un creux où niche quelque hibou : n'est-ce point une bonne opportunité ? Il suffit de passer le pas, de franchir la porte qui n'existe pas.

Pris par l'intensité de la vibration personnelle du géant arboré, on passe dans l'ailleurs…

Temps gris et voyage aux frontières d'autres dimensions. Nous nous sommes réunis près d'une chapelle qui émergeait, blanche, dans la forêt magique. Un chêne commun, maître, assurait notre protection. Gardien ou interface, qui saurait le dire ? Des présences étranges se dissimulaient parmi les frondaisons dans un voile de brume. Curieuse journée, ponctuée par le passage de dix chiens et de dix marcheurs. Un ciel incertain permit d'évoquer, aux frontières du temps et du non-temps, chamanisme et druidisme pour des êtres de chairs et des êtres immatériels. Les pérégrinations des âmes auraient été plus appropriées. Tout semblait lugubre et vague. La pluie allait venir et avec elle, un troupeau de chèvres conduites par deux impressionnants bergers des Pyrénées. Que demander de plus ? Un rideau d'eau pour passer ailleurs… Ou un simple voile dissimulant ou dévoilant les univers parallèles. La réalité n'est-elle pas illusoire ?

Trouver soi-même l'accès aux mondes invisibles paraît improbable. Les substances psychotropes demeurent aléatoires. La nature doit se défendre et l'imprudent ne sait pas d'avance où va le conduire un tel voyage. Sans doute faut-il faire appel aux techniques chamaniques et maîtriser la transe ? Si la physique quantique sait expliciter le phénomène des univers parallèles, il est plus délicat d'en avoir la perception. Les champignons et autres substances hallucinogènes puisent dans le végétal leur capacité à induire d'autres réalités, à percevoir ce que les mathématiques traduisent par des équations. Mais alors, il n'y a plus aucune limite au rêve et à l'illusion. Tout cela reste magnifiquement narré dans les diverses métamorphoses que vante la littérature grecque. Est-ce un prodige réalisé par les esprits des lieux ou les divinités de la nature ? Est-ce réalité ? Une fois encore s'impose l'image de Daphné qui prend racine, dont le corps magnifique devient tronc fluide et élancé, dont le visage et les bras deviennent les feuilles ovales du laurier, grâce à l'intervention de Gaïa, sa mère. Apollon, éconduit, n'eut d'autre recours que de poser sur ses cheveux une couronne qui lui rappelait sa belle. Le modèle est-il à rechercher auprès des arbres-fays ? Ces derniers, naturellement piégés entre deux mondes, appartiennent-ils à la nature arborée ou à la sphère des esprits gardiens des lieux ? Ils témoignent indubitablement d'échanges entre les règnes, dont les dieux eux-mêmes sont ignorants.

— Jardin secret, jardin intérieur :

Romégas : une ancienne bastide datée du XVIIe siècle, quelque part sur le chemin de Saint-Donat, à l'abri de l'agitation d'Aix-en-Provence. Cadre de verdure même en été. La propriété a réussi à sauvegarder la maison, le jardin, la chapelle et la ferme. Un chemin dallé conduit vers une vaste aire de battage. Deux chiens de pierre gardent l'entrée et d'autres viennent aboyer pour intimider les intrus.

Le jardin s'étend au sud sur plusieurs niveaux. Depuis la terrasse on voit la Sainte Victoire. Un premier jardin — labyrinthe de buis aux formes géométriques et allées de rosiers — s'offre à la lumière matinale. Une fontaine veille sur un second palier. Puis une pelouse qui conserve quelques traces d'un printemps pluvieux descend en pente douce. Elle est bordée de plantes vivaces qui ferment le jardin du côté des champs. Une seconde fontaine et un olivier se dressent au sud. Et l'on remonte alors par un sentier serpentin et touffu, vestige d'un labyrinthe de haies, où jadis, les belles chassaient les oiseaux. Une troisième fontaine rythme le chemin et ouvre une perspective sur la maison. Vers l'occident, le bois devient forêt vierge. Des bassins abandonnés parlent d'un âge où l'eau ne faisait pas défaut. Un labyrinthe de laurier tain s'offre en symétrie du premier — désordre de bosquet où quelque angelot attend dans un coin, perdu dans ses rêves…

Tout jardin secret ou intérieur tend à devenir interface. En premier s'installe la rêverie sans but et sans attache, palier entre la réalité ordinaire et les univers enchantés. Puis, l'on glisse dans la torpeur d'un état de sommeil léger ou de transe vaporeuse. On franchit un pas de plus et les autres mondes s'ouvrent, dans leur fantasmagorie toujours renouvelée. Si un labyrinthe se dessine, l'être est comblé. Et dans le tourbillon du cheminement, ivre, il arrive ailleurs, dans une autre réalité.

IVRESSE ET ESPRITS DES SÈVES

Il y aurait tant à dire sur la magie des sèves, sur l'ivresse divine. Confèrent-elles l'extase, l'oubli ou l'immortalité ? Le lierre entretient le délire, dit-on, bien que ce soit un poison. Généreuse Dame Nature ! Elle prodigue tout à la fois des mets dont la saveur enchante le palais et des plantes dont on ne sait plus s'il est prudent d'y goûter, à moins de les transformer par la cuisson ou l'adjonction d'autres ingrédients. Quant à l'ivresse dionysiaque, elle n'est plus à vanter, bien que son abus entraîne des ravages, voire la folie meurtrière. Préférons-nous l'usage des champignons hallucinogènes ? Dès le postglaciaire, leur ingestion est attestée. La transe emprunte leur voie. Leur savante préparation, que nous ne révélerons pas, en avait fait, à l'origine, la boisson des dieux. Certains peuples d'un Sahara encore vert ont osé peindre sur la roche d'étranges personnages mi-hommes, mi-champignons, dansant, hallucinés.

Innombrables sont les boissons des dieux. Ne sont-elles pas l'âme de la Nature, sous sa forme soluble ? Le lien entre l'humain et le divin ? Peut-être sont-elles présentes pour égarer le mortel ignorant, qui espère rivaliser avec les Immortels ? Certaines sont naturelles et d'autres usent d'artifices pour jeter l'homme dans le chaos de l'ivresse. D'autres encore sont si mystérieuses que peu parviennent à déterminer leur véritable composition. Débutons avec les éléments basiques :

— L'Eau :

Elle se trouve partout dans la Nature comme eau de source, glace ou neige en hiver, ou plus subtile, comme vapeur. Elle symbolise la vie, l'entretient et sans elle, effectivement, aucune existence n'est possible. Dès qu'elle se révèle trop saline (mer), elle cesse d'être potable. L'homme l'a odieusement polluée. Sa transparence l'apparente au cristal et elle y gagne une virginité et une limpidité qui confinent à la perfection. Ainsi, demeure une eau pure (ou sève), qui appartient à un autre registre de la Vie, puisqu'elle devient l'équivalent du prâna (ou souffle vital).

La rosée offre sa grâce vivifiante, « salive des astres » selon Pline. Cet élément Yang procure la régénération, la fécondité. Il s'agit d'une eau pure et précieuse, dont l'alchimiste fait grand cas, car elle devient quintessence.

À l'Eau se rattache rasa (ou sève) en Inde. À l'origine, il s'agit de l'un des cinq sens, le goût ou la saveur, tous deux liés à la langue et à l'eau ; puis la signification se fait plus déliée. Sève et essence s'apparentent à l '*haoma* des Mazdéens confectionné à partir de champignons hallucinogènes, au soma, à *mâddat* (sève divine) dans l'Islam, où le mot acquiert le sens de « colonne de lumière ». La transsubstantiation du suc végétal s'achève dans le monde des dieux. N'est-ce pas là l'âme du monde ?

— Le lait :

Le lait est l'aliment du nourrisson. Sa couleur lui confère une relation avec la Lune. Dans le monde des agriculteurs, le mot induit Vache sacrée et culte à la Déesse, sous les traits de l'animal prolifique, dispensateur de cette boisson naturelle. Cependant, la symbolique sait affiner cette notion, jusqu'à la transformer en breuvage des dieux. Déjà en Égypte, le lait d'immortalité était offert à Osiris. Dans l'iconographie, des arbres offraient des seins généreux. En matière d'alchimie, le lait de la Vierge devient synonyme de Pierre philosophale.

En Inde, on fait grand cas de l'*amrita* (ou parfois *soma*). Selon le mythe, ce breuvage serait né du barattage de la Mer de lait — nom poétique de la Voie Lactée — par les Asuras et les Devas. Des interprétations clarifient la question de ce nectar, de cette boisson d'immortalité. D'aucuns soutiennent qu'elle est secrétée par la glande pinéale, lors des méditations profondes. D'autres lui donnent une base matérielle, une plante mystérieuse qui pousse au Turkestan. L'extraction de celle-ci suppose un rituel, ce qui est usuel dans toute société traditionnelle. Ensuite, sa préparation, complexe, fait intervenir l'*amrita*, du lait caillé et des céréales (orge ?). Cet étrange breuvage n'est pas sans rappeler la boisson préférée de la déesse Déméter où se mêlaient l'eau (ou le lait ?), l'orge et la menthe. Mais peut-être la confection originelle de cet élixir de longue vie, permettant le retour au Vide primordial, a-t-elle été oubliée quand les Indo-européens sont arrivés en Inde et n'ont plus trouvé les ingrédients de base ? La légende engageant la Voie lactée offrait une belle opportunité.

— *Le sang :*

Rouge est le sang qui coule dans les veines des animaux à sang chaud et de l'être humain. Dès la préhistoire lointaine, il reçoit une valorisation particulière en raison de sa couleur, assimilée à celle du soleil et de la vie qui s'écoule au rythme des battements de cœur. L'ocre rouge des peintures pariétales, ou placée rituellement dans une coupe faite d'une calotte crânienne, dans la grotte du Placard, évoque son côté rituel. Symbole de virilité et de courage, le sang a dû être consommé depuis l'aube des temps. Si celui de l'animal était privilégié, il demeure probable que le sang de l'ennemi avait un goût et une force particuliers. Selon la tradition chamanique, ce dernier est le véhicule de l'âme du vivant. Témoin d'une inépuisable vitalité, il devient symbole de la Vie au-delà de toute vie.

La Chine et les taoïstes mettent au goût du jour, lors des premiers balbutiements de la métallurgie, le cinabre à l'honneur en raison de sa couleur vermillon. De poison, il devint drogue d'immortalité — mais peut-être le mot avait-il un double sens ? Sur le plan de la matière, il s'agit du sulfure de mercure ; sur celui de l'esprit, c'est le principe actif transcendé lors d'une discipline et d'une hygiène de vie, drastique, réservée aux grands sages. Il symbolise bien la transformation ou la transmutation. Au bout d'essais interminables, certains usagers acquièrent une longévité extrême, mais ils finissent par mourir. La Pierre au rouge sait préserver sa part d'énigmes…

— *Le miel :*

Volé depuis des temps immémoriaux aux abeilles, le miel témoigne d'une saveur agréable et ses rayons ressemblent à ceux du soleil. Il signifie douceur et richesse, complétude, immortalité. Voici une nourriture ou une boisson magique conférant la connaissance, la sagesse, l'inspiration. Le Soma s'apparenterait-il à ce don des dieux ?

> *J'ai dépassé en grandeur*
> *Le Ciel et la grande Terre.*
> *Aurais-je bu du Soma ?*
> *L'une de mes moitiés est au ciel,*
> *L'autre, je l'ai tirée vers le bas.*
> *Aurais-je bu du Soma ?*

Rig Veda 9.119

Soma se dévoile, avant tout, comme une divinité de la caste des producteurs, à laquelle on consacre un rituel. Le mot a rapport avec la sève et le miel. Et le dieu, cérémoniel, bien qu'associé à Indra, connaît une existence propre. Par ailleurs, il a une vie végétative sous la forme de la plante nommée « soma ». Son suc devient sacré et nécessite une préparation minutieuse : les tiges sont broyées entre pilon et mortier ; puis, le jus brun qui en sort est mélangé à de l'eau. Sur un plan allégorique, le dieu Taureau devient l'amant des eaux (ou vaches). Dans une cuve en bois, la boisson aigrit ou fermente. On offre cette sève divinisée aux dieux et aux hommes. Nul ne sait si le résultat est une intoxication alimentaire sévère ou une extase mystique et s'il faut prendre à la lettre, la recette.

Nectar et ambroisie, consommés sans modération par les Olympiens, ne sont-ils pas aussi étranges que le soma ? Les textes demeurent d'une ambiguïté à toute épreuve, puisque nul ne sait distinguer l'un de l'autre. Voici une substance divine dont la nature n'est pas définie. D'aucuns parlent d'onguent et de graisse ; d'autres d'un miel si sucré et si doux qu'il ne peut convenir qu'aux divinités. Lequel est solide et lequel est liquide ? Lequel se voit mélangé avec du vin dans un cratère pour le bonheur de Zeus et de ses pairs ? Hébé et Ganymède, les échansons, sont restés muets, car ils appartenaient à cet univers où l'immortalité, conférée par ces breuvages, était la vie quotidienne.

Qui osera vanter ces produits de la Nature, ces sèves, ces élixirs, voire ces alcools ? Quasi indéfinissable, l'élixir confère l'oubli ou l'immortalité. Un jour, les hommes ont tenu à imiter les dieux et se sont lancés, à corps perdu, dans une quête de boissons dignes de leurs maîtres. Sans trop connaître la cuisine occulte de ces derniers, ils ont voulu concocter leurs propres breuvages. L'immortalité était-elle à la clé ? La longévité, peut-être ! Que pouvaient-ils produire de novateur ? Découvrons-le :

— *La bière :*

La bière passe pour la boisson de souveraineté, si l'on en juge par l'extravagante aventure de Conn-aux-cent-batailles, qui s'égare dans la brume et se retrouve dans le palais du dieu Lug. Là, une jeune fille lui propose un calice rempli de cette boisson rouge. Au matin, il se retrouve endormi au pied de la capitale Tara, tenant une coupe et un rameau d'or à la main, promis au destin de haut roi d'Irlande. En vérité, la bière est la boisson des guerriers chez les Celtes. Elle accompagne la consommation de sanglier ou de porc. Une représentante de la souveraineté se découvre avec la reine Medb. Son nom, pourtant, est en rapport avec l'ivresse conférée par une boisson miellée. N'est-elle pas une déesse qui s'ignore ? Elle avait droit au vin comme reine ou à l'hydromel comme prêtresse. On la savait habilitée à conférer la souveraineté au roi en lui offrant une coupe. Tant pis si le choix était mauvais aux yeux des humains ! À l'issue de son mandat, tout roi indigne mourrait, dans sa demeure incendiée, noyé dans une cuve de bière. Barbare coutume !

C'est également avec la bière solaire que s'enivra Sekhmet. Prise d'une rage incontrôlée, elle fit un vaste carnage au sein de l'humanité. Elle attira à elle la chaleur solaire destructrice, semant la maladie et la mort. Mais ce fut aussi Rê qui mit fin à ses exactions, en la plongeant dans le sommeil de l'oubli.

— *L'hydromel :*

Boisson des dieux faite d'eau et de miel fermentés, l'hydromel a-t-il été confectionné par l'homme ? C'était la boisson des druides et de la classe sacerdotale chez les Celtes. Synthèse d'eau lunaire et de miel solaire, il provoque une ivresse délicieuse. Et l'on conçoit que la reine Medb, bien que très martiale, ait été attirée par cette production.

— Le vin :

> *Le vin est un rubis liquide, la coupe en est la mine.*
> *La coupe est le corps et le vin en est l'âme.*
> *Cette coupe de cristal toute riante de vin*
> *Est une larme où se cache le sang du cœur.*

Omar Khayyâm

En imitation du sang rouge, le vin devient, à son tour, Âme de la Nature, breuvage de vie, d'immortalité, procurant l'ivresse. Il confère la connaissance, l'initiation, la joie. Il se manifeste comme l'union du feu et du principe humide. Il est la boisson des dieux en Grèce, et le sang de Dionysos. Se mêlent inexplicablement les destins de ce dernier, de Zagréus et d'Iacchos. « Oinos » (Œnos en français), le Vin est une divinité spécifique.

Pour notre part, nous avons renoué avec le rituel de *To be Shebat*, que pratiquent les kabbalistes et qui a été réintroduit à Safed au XVIe siècle. Voici une fête de la Nature très archaïque. Elle a lieu pour la pleine lune du mois du Verseau (*shebat*) et correspond au jour où la sève des arbres commence à monter. On fait un repas cérémoniel avec une quinzaine de fruits divers, raisin, grenade, figue, datte, olive, amande, caroube, etc. Et l'on prend quatre coupes de vin, une de vin blanc, ce qui signifie le sommeil de la nature, une de vin blanc coupé de rouge en signe d'espoir du renouveau végétal, une autre de vin rouge coupé de blanc pour évoquer cet éveil, et enfin une de rouge dans le sens de la fertilité retrouvée de la Nature. Le rite se termine par une libation au pied d'un amandier : le sang de la terre ! Puis, les rigueurs hivernales aidant — il y a parfois de la neige en Provence —, nous avons laissé cette festivité à qui de droit. Certains des amandiers, arrosés, ont résisté à la froidure et ont connu une exceptionnelle vitalité, nourris d'une essence d'exception.

— L'alcool :

Restent l'alcool, l'eau-de-vie, la sève, l'élixir, et des boissons de plus en plus titrées. L'homme s'est plu à rivaliser avec les dieux, mêlant miel, plantes aromatiques, alcool ou vin et se prenant pour un alchimiste. Y a-t-il une sensation au-delà de l'oubli ? Sont connus l'absinthe chère aux artistes, l'alcool d'asphodèle qui confère l'oubli. La plante a rapport avec la mort chez les Grecs et à Rome. Nous n'irons pas plus loin. Toutes les extases sont permises, tous les délires s'entrevoient jusqu'à ce que l'on perde pied, voue son âme au Néant et rejoigne l'Âme de la Nature. L'esprit y perd son essence !

Ferons-nous état des champignons hallucinogènes et de la boisson faite à partir de l'amanite tue-mouche ? Est-elle à l'origine du *soma* ou de l'*haoma* ? Si l'on ne tient pas à gagner l'oubli définitif et la mort dans d'horribles convulsions, il est opportun d'apprêter cette savante décoction en neutralisant l'effet pervers du poison. Alors seulement, on devient l'égal des dieux.

DIONYSOS

Les disciples d'Orphée, ayant interprété cette fiction [le démembrement de Dionysos par les Titans] *disent que Bacchus n'est rien autre que l'âme du monde, laquelle, comme l'enseignent les philosophes, bien qu'elle ait été divisée pour ainsi dire membre par membre dans le corps du monde, paraît toujours se reconstituer dans son intégralité, sortant des corps et se conformant, étant donné qu'elle demeure toujours unique et identique à elle-même, puisque sa simplicité ne subit aucun découpage.*

Orphée, *Discours en vingt-quatre rhapsodies*

Dionysos : voici le dieu de la Vigne. Est-il simplement cela ? Une justification éhontée de l'ivresse, réservée dans un premier temps uniquement aux dieux ! Il semblerait que l'emploi rituel du vin ait suscité nombre de controverses, d'où l'acharnement contre ce dieu, qui représente une tradition immémoriale de transe chamanique. Le vin aurait été inventé alors qu'enfant, il se cachait sur le mont Nysa, un lieu mystérieux de la Thrace lointaine. Les nymphes protégeaient le bambin. Ce culte du dieu-enfant nourri par ces belles dames semble très archaïque. De la vigne sauvage poussait — peut-être au bord de la mer Noire ? Toujours est-il qu'il pressa voluptueusement les grappes et en tira un jus enivrant. Le dieu se situe surtout à l'origine de la diffusion d'une boisson inventée par les Grecs (ou les Crétois ?) dans tous les pays méditerranéens, dont l'Égypte. Il serait allé jusqu'en Inde. Le vin se substitue sur le plan symbolique au sang, dont se gorgent les Titans meurtriers, et il est feu de la Vie. Dionysos se manifeste en dieu des boissons enivrantes. Il rappelle que le vin n'est autre qu'un mode de communication et de communion avec les dieux. Et l'on en revient à la transe. Dieu de la grappe, il est primitivement représenté par un simple tronc de pin.

Ses débuts dans la vie sont difficiles, car il subit la vindicte d'Héra, en tant que fils illégitime de Zeus. Il naît (au printemps) couronné d'un serpent et voici sa première métamorphose quand les Titans le pourchassent odieusement. Puis, il devient lion (été ?) et enfin taureau (automne/hiver). Là, immobilisé, il est dévoré à pleines dents, cru, par ses tortionnaires. La métamorphose correspond à un changement de plan, à un passage dans une autre dimension et/ou à une transmigration. Sa cuisson par les Titans, dans un chaudron, pourrait faire référence à la production d'une boisson psychotrope.

Frappé de folie par Héra, Dionysos erre dans le vaste monde où il connaît d'innombrables aventures. Parmi celles-ci, il épouse Ariane à Naxos. Plus significatif se révèle l'épisode des pirates qui arraisonnent le navire. Ils tentent d'attacher le dieu au mât. Des manifestations étranges et prodigieuses se déclenchent alors : les rames deviennent des serpents, les liens se dénouent, le dieu se transforme en lion, le bateau est envahi de ceps et le vin coule à flots. Illusions, transformations, manifestations magiques, voilà l'expression extatique de la Vie universelle, sans contrainte, telle que mère Nature la conçoit.

Beaucoup d'épreuves l'attendent avant qu'il ne gagne l'Olympe, où Hestia lui cède sa place. Au sage feu du foyer, succède le Feu de la passion dévorante. Dionysos se révèle à la fois comme une manifestation de la vie, dans ses aspects les plus débridés et orgiaques, et comme dieu des morts — n'est-il pas démembré par les Titans ? À Delphes, on montrait sa tombe, d'où il renaissait périodiquement comme Osiris. La vigne, taillée en hiver, ne repousse-t-elle pas plus luxuriante au printemps ? Certes, il tient un rôle dans les Mystères d'Éleusis, et à ce titre, appartient au groupe des divinités de la Nature et de la végétation, comme Déméter et Coré. En Inde, il est analogue à Shiva, au sein d'une religion (le shivaïsme) qui a beaucoup de points communs avec celles de la région méditerranéenne, qui se sont développées au VIe millénaire avant notre ère. Les textes grecs prétendent que Dionysos s'est rendu dans ce pays et les textes hindous proposent, bien sûr, un schéma inverse. Shiva et Dionysos sont analogues, selon Alain Daniélou. Cependant, les attributions de Dionysos vont bien au-delà. Le dieu de la vigne devient celui de l'extase, de l'illumination intérieure. Est-il l'Âme de l'Univers, moteur du monde ?

J'ai fait retentir le tonnerre de Zagréus qui erre la nuit. J'ai accompli le repas de chair crue et j'ai agité les torches en l'honneur de la mère des Montagnes. Sanctifié, j'ai reçu le nom de Bacchos.

Euripide, *Les Crétois*

Iacchos (ou Bacchos) s'associe à Dionysos ou à Zagréus. Cette entité, un peu floue, est-elle le demi-frère de Dionysos, prêtre précédant la foule aux Mystères d'Éleusis ? Ou une réincarnation de Zagréus ? Toujours est-il qu'au temps d'Euripide, le canevas primitif des mystères dionysiaques survit encore dans les mémoires. Toujours est-il qu'après cette orgie — dans le sens de fête en hommage à Dionysos —, l'initié devient végétarien ! Joie, jouissance, plaisir s'exprimaient à loisir lors des festivités en l'honneur du divin maître.

Zagréus, lui aussi déchiré par les Titans, a un parcours comparable à celui de Dionysos et les deux divinités ont été assimilées l'une à l'autre. Zagreus se voit également considéré comme l'âme de l'Univers. Son nom signifierait « Ramené à la vie », selon Robert Graves. On retiendra son rôle dans les rites orphiques et les Mystères d'Éleusis, et ses métamorphoses. Poursuivi par les Titans, le nouveau-né se transforme en Zeus, vêtu d'une peau de chèvre, puis en Cronos pluvieux. Mais ses adversaires le guettent et il devient divers animaux, le lion, le cheval, le serpent cornu, le tigre et le taureau. Sous cette dernière forme, il subit la mort sans appel, ingéré par les sbires d'Héra. Peut-être s'agit-il d'une ultime transmutation ?

L'esprit, de même que les métaux, peut passer d'un état à un état différent, d'un degré à un autre, d'un pôle à un autre pôle, d'une vibration à une autre vibration.

Kybalion

LE DIEU PAN

Chante-moi, Muse, le cher fils d'Herméias, aux pieds de chèvre, aux deux cornes, ami du bruit, qui marche à travers les vallées boisées avec les Nymphes accoutumées aux danses, et qui foulent les sommets des hauts rochers, évoquant Pan, dieu des bergers, à la splendide chevelure négligée, qui a reçu en partage les montagnes neigeuses, et les cimes des monts, et les sentiers pierreux.

Hymne homérique à Pan

La mythologie grecque place toutes les manifestations sous l'égide d'une divinité, qui offre une valeur symbolique spécifique. Pan est, avant tout, le dieu des pâturages. On se plaît à le voir dans un cadre bucolique, parcourant la montagne, gardant des troupeaux, élevant des abeilles, hantant quelque caverne ou faisant la sieste sous un pin. Sorte de génie des bois, ses attributs sont la houlette et la flûte de pan — symbole d'harmonie universelle. À sa naissance, le nourrisson est d'une hideur telle que sa mère l'abandonne et que son père Hermès l'emporte dans l'Olympe pour le divertissement des dieux. Son lot aurait pu être la solitude. Il fait partie du cortège de Dionysos.

Malgré sa laideur repoussante, il séduit nombre de nymphes, comme Syrinx ou Écho, et de mortelles comme Daphnis. Une déesse, la lunaire Séléné, accepte de se prêter au jeu, car il a revêtu une tunique propre et cache ses pieds de bouc. La splendide Pitys, en revanche, lui échappe en se transformant en pin. Il devient symbole de la sexualité débridée, voire bestiale, avant de devenir le dieu universel, guérisseur et prophète.

Voici un dieu de la végétation, non qu'il la génère, mais il la protège, en particulier le règne animal (troupeaux et abeilles). Ses traits sont effrayants, susceptibles de déclencher une peur panique, surtout s'il ajoute quelque cri bestial à son physique rébarbatif. Aurait-il eu quelque rôle de dieu-lune au départ (comme Pushan), ce qui expliquerait les cornes de bouc dont il se trouve affublé ? L'étymologie indo-européenne première du mot « Pan » a trait au campagnard, à celui qui s'occupe des troupeaux, qu'il fait croître. Puis, il y a changement de sens et l'on glisse vers « Tout » et l'universel. Un culte plus ou moins mystique lui est rendu en Arcadie, en lien avec les oracles. Le chêne et le pin lui sont consacrés.

Thamos, le Grand Pan est mort !

Pan est le seul dieu qui meurt. En réalité, tous les dieux des cycles de la Nature, dont Dionysos, sont promis à une fin transitoire, car ils renaissent chaque printemps. Selon les stoïciens, il a rapport avec la nature intelligente, créatrice, féconde. Orphée en fait le grand principe régulateur, le premier principe d'amour, celui qui est incorporé dans la matière universelle, et qui donne forme au monde. Il est source et origine de tout, d'où le glissement de sens vers l'universalité. Feu perpétuel, n'est-il pas une autre des expressions de l'Âme du monde ? Les chrétiens ont tenu à faire de l'interjection citée plus haut le signal de la fin du paganisme et le renversement des valeurs à leur avantage. Pan peut-il mourir ? Ce serait la fin de toute manifestation et de toute vie ! Forme et matière s'effondreraient ou deviendraient illusion. Rappelons-le : Pan est l'expression de la totalité des mondes.

Dans son essence, le Tout est inconnaissable.

Kybalion

L'ÂME DU MONDE, L'ÉTHER ?

En conséquence, il [le dieu] *mit l'intelligence dans l'âme et l'âme dans le corps et il construisit l'univers de manière à en faire une œuvre qui fût naturellement la plus belle et la meilleure.*

Platon, *Timée*

Il est temps d'aller au-delà du visible et du matériel. Où se niche l'âme du monde ? Toute âme est une monade. Celle du monde est-elle féminine comme les divinités affriolantes que citent les textes gnostiques ? Est-elle masculine comme voudraient le faire croire les Grecs et les Indo-européens, plus généralement ? À un moment donné de l'histoire humaine, au cours du néolithique, le cours des croyances et des valeurs s'est inversé. La grande Déesse n'avait plus la préséance et son alter ego prenait le pas. À l'Âme du monde succédait un Esprit ; au cœur succédait le cerveau ! Au début, les deux polarités proposaient un équilibre. Puis, évolution des mentalités, chacun voulut gérer l'univers. Une force centripète (la Mère divine) et une force centrifuge (son parèdre divin) génèrent l'illusion de la dualité. En vérité, l'homme oublia que tout est Un, la création, l'être humain, la Vie.

Rendons à Platon, dans *Timée*, le mérite d'avoir évoqué cette âme du monde qui lui tenait à cœur. Tout tourne, si l'on peut dire, puisqu'il est question de sphère, autour des cinq corps, en lien avec les quatre éléments et le cinquième, à part, puisqu'il appartient au groupe et en dehors puisqu'il le parachève. Voici l'Éther ou quintessence, une substance éthérée qui assure la cohésion de la vie et de l'univers. Ces deux mots ont d'ailleurs d'autres définitions. En astronomie, la quintessence serait une forme d'énergie noire qui expliquerait les accélérations observées dans l'expansion de l'univers. Peut-être cette formulation n'est-elle pas si éloignée de notre sujet ?

Revenons à *Timée*. L'œuvre créative se poursuit et interviennent les quatre éléments. La terre prend une forme sphérique, animée par sept mouvements (ou directions).

Le dieu fait l'âme avant le corps et supérieure au corps en âge et en vertu, parce qu'elle était destinée à dominer et à commander, et le corps à obéir. (…)
Alors, l'âme tissée à travers tout le ciel, du centre à l'extrémité, l'enveloppant en cercle du dehors et tournant sur elle-même, inaugura le divin début d'une vie perpétuelle et sage pour la suite des temps. (Ibid.)

L'âme se réfère à trois principes. Le temps s'inscrit dans le canevas. Arrivent à la vie quatre espèces — les dieux, les oiseaux, les poissons, les animaux terrestres (et l'homme). Plus loin, sont décrits les « cinq corps ».

Pour conclure, l'Âme universelle anime la Nature ou est celle-ci. Distinguons-la, entité supranaturelle de la nature, propre à la terre - environnement, paysages domestiques et sauvages, forces qui s'imposent, milieux divers, espèces vivantes, phénomènes climatiques, etc. L'univers, la nature, dans son sens restreint, et ses lois naissent d'un champ unifié d'énergie. Voilà l'Âme du monde, une et multiple, source et fin de toute manifestation. Cinquième élément, Éther, Conscience, Vide, qu'est-elle vraiment ?

Il restait encore une cinquième combinaison. Dieu s'en est servi pour achever le dessin de l'univers. (Ibid.)

ÂME COSMIQUE

Prakriti, la Nature ne fonctionne que parce qu'elle a pour support, pour base, l'intelligence pure partout présente sous la forme du plan représenté par l'Homme Universel, Purusha.

Shashti tantra

Âme du monde, quintessence, Éther, Conscience, Vide : ces mots interpellent. Vont-ils nous conduire vers de nouveaux développements ? Avons-nous exploré toutes les pistes à propos du thème ? Probablement non, car il est toujours difficile d'être exhaustif.

L'âme du monde demeure insaisissable, multiforme, illusoire peut-être. Ou un foisonnement de mots sert à la qualifier, alors qu'elle appartient indubitablement à l'indicible. Les traditions de l'Inde proposent des approches qui remontent à l'aube des temps, mais offrent une modernité inexplicable. Peut-être eût-il fallu se référer à ces approches ?

Selon la conception Sâmkhya, l'univers se compose de conscience et d'énergie, toutes deux complémentaires et interdépendantes. Cette dernière émerge d'un point initial (Bindu) ; quant à l'énergie, elle représente une masse colossale. Le principe Énergie (ou Shakti) se nomme Prakriti ou Nature, parfois Maya, le pouvoir de l'illusion. Voici la Nature primordiale autonome. Le monde se forme grâce à sept principes, dont Mahat, l'Intelligence universelle, forme manifestée de Purusha, Ahamkara, le principe d'individualité et de cinq Tanmâtra ou cinq éléments.

Le Temps sans âge, au conseil immortel a engendré l'Éther
Et un grand gouffre énorme dans les deux sens.

Orphée, *Discours sacrés en vingt-quatre rhapsodies*

On peut adhérer à d'autres schémas de pensée et mettre au goût du jour l'Éther, cher à Orphée, qui en fait le 1er Principe, issu de Chronos (le Temps) ou le fils de Ténèbres et de Nuit. Cela dénote un sens agréable de la poésie, mais irrite les scientifiques.

Le mot « éther » prête à confusion, car chacun l'interprète en fonction de son domaine de recherche ; l'éther de la chimie n'a rien à voir avec l'éther de la physique, ni même avec la définition du dictionnaire : « un air pur, l'espace céleste ». Voilà l'une des acceptions principales. L'autre a rapport avec les sciences anciennes et il s'agit d'un fluide subtil qui remplit l'espace. Il convient cependant de revenir vers les mythologies traditionnelles. En Grèce, l'Éther appartient au monde divin, comme divinité primordiale. Au XXe siècle, le mot « Éther » a paru moyenâgeux à une science qui découvrait de nouvelles notions. Elle a tenu à faire usage du mot « Vide ». Ainsi, le vide quantique s'est substitué à l'Éther.

En Inde, *Akasha* (ou Éther) est l'espace dans le sens de l'essence du Vide ou Néant. Or, l'état fondamental en physique quantique est ce dernier. Voilà le son primaire *AUM*, dont la vibration donne, dans l'Air, l'Éther ; puis se manifestent le Feu, l'Eau et enfin la Terre, comme éléments qui naissent les uns des autres. Ce sont le son, et l'ouïe qui offrent un lien avec l'Éther premier. Il est doté des qualités suivantes : froideur, légèreté, immobilité, subtilité, omniprésence, absence de limites.

La physique quantique dévoile ce Vide, un état d'énergie minimale, un état de symétrie sans particules matérielles, mais avec matérialisations spontanées et fugaces de particules et antiparticules, soit de particules virtuelles. Ces fluctuations suivent le principe d'incertitude. Le vide peut être polarisé quand il reçoit un champ magnétique. L'univers est à peu près vide. En cosmologie, le vide devient un espace-temps sans source matérielle. L'état fondamental est donc le Vide. Le terme se dote d'une connotation désertique, aride, sans âme, presque terrifiante et quasi désespérante par son absence. Le mot Éther des Anciens laissait quelque lueur à propos d'un état supranaturel et l'Âme du monde avait sa place dans une dimension subtile.

L'Éther, au sens où Orphée l'entendait avec poésie, et la Conscience ont le mérite de réhabiliter le vide. Il vient un temps où réalité et non-réalité se passent de mots, dès lors que l'on parvient à appréhender le champ unitaire ultime. La Conscience pure, dans l'hindouisme, est un état de libération totale où l'on fait un avec Brahman. Réalité et non-réalité se passent de mots dans leur expression. Survient un champ unifié de conscience : l'univers, la Nature et ses lois naissent d'un champ unifié d'énergie ; suit une série d'étapes cohérentes et ordonnées — la manifestation.

En Occident, le terme « conscience » implique la pensée, alors qu'en Inde, il est en deçà ou au-delà de toute formulation réfléchie, de toute activité mentale. La Conscience transcendante devient la source de cette activité, le champ d'intelligence pure et de dynamisme créateur infini. L'univers, la Nature et ses lois naissent d'un champ unifié d'énergie, analogue à la Conscience pure. Suit une série d'étapes cohérentes et ordonnées, avec une symétrie de base, puis un mécanisme de rupture qui implique plusieurs niveaux. Ce champ unitaire contient le potentiel total de la loi naturelle, dont l'espace-temps, coexistence dynamique de toutes les géométries.

L'Inde propose des concepts éclairants, tels qu'Âtman ou Brahman. Le premier terme renvoie au Soi véritable immortel de l'homme, spectateur au-delà du corps et de la pensée, à l'âme individuelle rejoignant la Conscience absolue ou *Brahman*. Voici l'être éternel absolu, la félicité parfaite, en opposition au Jîva, c'est-à-dire l'être vivant incarné, mortel, se créant l'illusion de la dualité. Ou le centre du Soi, le principe de vie, le souffle, l'âme, l'essence.

Ainsi, le terme « *Âtman* » s'applique :

— au principe autour duquel s'organise tout être vivant (*Brahman*)
— à l'être central au-dessus et en deçà de la nature extérieure, telle que nous l'appréhendons, calme, serein, non affecté par la nature intérieure du *jiva*, soutenant leur évolution sans s'en mêler,
— au souffle vital (*prâna*, ou Vayu, le dieu du vent).

Quant à l'Âme du monde, elle se place ici — Brahman. Au-delà, il n'y a rien. Brahman est ce qui n'est pas (*neti neti* = ni ceci, ni cela), la réalité, infinie, omniprésente, transcendante, immanente, incorporelle, base divine de toute existence. Brahman se révèle comme absolu, immuable, éternel ; comme réalité suprême non dualiste ; comme Être absolu (*sat*), Conscience absolue (*chit*), Félicité absolue (*ânanda*). Sans lui, aucune existence n'interviendrait — il est seul à exister. Certes, il se reflète dans le *jîva*, donnant naissance à la pensée qui crée le monde des apparences, mais c'est nous qui projetons sur lui les illusions de notre imagination.

L'âme prend les formes qu'elle veut ; elle est aussi rapide que l'esprit, véridique lorsqu'elle conçoit, véridique lorsqu'elle éprouve, douée de toutes les odeurs, de toutes les saveurs ; elle emplit tous les orients ; elle pénètre toutes choses et cependant reste muette, indifférente.

Satapatha-Brahmana, l'Âtman

BIBLIOGRAPHIE

— *Curiosités infernales, diables, sorciers, fées, elfes, lutins, possédés, vampires, spectres, loups-garous, etc. — aux sources des croyances populaires : textes rassemblés par P. L. Jacob (1806-1884)*, La Louve, 2013.

— *Guide de la France mystérieuse*, Les guides noirs, Tchou, 1964.

— *Guide de la Provence mystérieuse*, Tchou, 1966.

— *Le Veda, textes réunis, traduits et présentés sous la direction de Jean Varenne*, Les Deux Océans, 1967.

— d'APREMONT Anne-Laure, *B.A.BA, Fées*, Pardès, 2001.

— BOUDET Alain, « Le système des circuits vitaux de la Terre », *Spiritualité, science et développement*.

— BROSSE Jacques, *Mythologie des arbres*, Petite Bibliothèque Payot, 1989.

— CLEBERT Jean-Paul, *Lieux et histoires secrètes de Provence*, La Porte verte, 1980.

— DANIÉLOU Alain, *Shiva et Dionysos ; la religion de la Nature et de l'Éros*, librairie Arthème Fayard, 1979.

— DROUET Stéphane, *L'eau et la conscience quantique ; l'état de l'eau qui libère la conscience*, Dangles, 2021.

— DUBOIS Pierre, *La grande encyclopédie des fées*, Hoëbeke, 1996.

— DUCHÊNE Corinne, *Contes et légendes du Berry, aux sources des traditions orales*, Boyer, 2004.

— FARROKH Fereydoun, *Symbolisme de l'orientation ou la loi de la circulation de l'énergie vitale*, Présence, 1981.

— FRAZER James, *Le rameau d'or*, 1930, Robert Laffont, 1984.

— FREEMAN Mara, *Vivre la tradition celtique au fil des saisons*, Guy Trédaniel, 2002.

— JACQ Christian, *La tradition primordiale de l'Égypte ancienne selon les « Textes des pyramides »*, Bernard Grasset & Fasquelle, 1998.

— LAURAS-POURRAT Annette, *Guide de l'Auvergne mystérieuse,* Tchou, 2000.

— LE QUELLEC Jean-Loïc & SERGENT Bernard, *Dictionnaire critique de mythologie,* C.N.R.S. éditions, 2017.

— LEOUZON LE DUC, *Le Kalevala,* 1845.

— MERCIER Mario, *La nature et le sacré,* éditions Dangles, 1983.

— MOLYNEAUX Brian Leigh, *La Terre et le sacré*, Albin Michel, 1995.

— ORPHÉE, *Poèmes magiques et cosmologiques,* Les Belles Lettres, 1993.

— OVIDE, *Les métamorphoses,* Garnier-Flammarion, 1966.

— PERRAULT Charles, *Contes, suivis de contes de Madame d'Aulnoy,* Gründ, 1978.

— PERRET J. - L., *Le Kalevala, quinze récits du Kalevala,* 1929.

— PHILIBERT Myriam, *Stonehenge et son secret,* Éditions du Rocher, 1994.

— PHILIBERT Myriam, « Guide des sites légendaires de France », H.S. *Actualité de l'histoire mystérieuse*, juin 1996.

— PHILIBERT Myriam, *Mythes d'origine et arts premiers*, Éditions du Rocher, 2003.

— PHILIBERT Myriam, *L'Alphabet des arbres*, Éditions du Rocher, 2006.

— PHILIBERT Myriam, *Alma Mater, l'éternel féminin,* Arqa, 2006.

— PHILIBERT Myriam, « *Korè Kosmou,* la vierge cosmique », *Liber mirabilis,* n° 100, 2017.

— PHILIBERT Myriam, « Simorg fabuleux », *Liber mirabilis,* n° 108, 2018.

— PLATON, *Timée,* Garnier-Flammarion, 1969.

— SHELDRAKE Rupert, *L'Âme de la nature,* 1991, Éditions du Rocher, 1992.

— SWALLER de LUBICZ Isha, *Contribution à l'égyptologie,* J. - C. Bailly, 1989.

—YVANOFF Xavier, *Mythes sur l'origine de l'homme,* Errance, 1998.

POURQUOI ADHÉRER A L'ODS

En plus de rassembler toute une « faune de l'espace » passionnée de littératures de l'imaginaire, science-fiction, fantastique, fantasy, etc. et tant de chercheurs érudits des univers de l'étrange, l'ODS est une association active qui organise ou coordonne de nombreux événements dans les domaines qui nous intéressent.

C'est un fait que l'activité de publication de fanzines qui était son expression principale à ses débuts a dû être transférée vers notre maison d'édition, EODS, faute de lecteurs assidus dans un secteur qui s'est peu à peu reporté vers le web. Certaines revues ont disparu, d'autres sont nées à cette occasion. Force est de nous adapter au potentiel du lectorat d'aujourd'hui, et nous voilà au XXIe siècle !

Toutefois, tout en nous adaptant, nous tenons, à l'ODS, à préserver cette convivialité qui fût toujours la première motivation de notre existence associative. C'est pourquoi nous poursuivons avant tout l'organisation de rencontres, conférences, congrès, dîners thématiques et autres missions scientifiques autour des thèmes qui nous sont chers. Participer à ces nombreuses activités, les organiser ou permettre à certains invités de venir y présenter leurs travaux, voilà aujourd'hui la vocation de l'ODS. Ainsi, tout au long de l'année, vous êtes conviés à nous rejoindre lors de dîners informels, comme celui du Nouvel Eon en janvier, et toutes sortes de rencontres à thèmes intitulées « on the spot », selon le calendrier de la venue d'auteurs en région parisienne, ainsi qu'à des colloques de haute tenue dont ceux organisés à Rennes-le-Château (ARTBS) ou à Paris comme le Congrès Fortéen, les journées Heuvelmans ou Jacques Bergier, etc. mais aussi à nous rendre visite sur les stands des nombreuses conventions auxquelles nous participons.

L'organisation de ces événements et la participation de l'association à ceux organisés par d'autres sont aujourd'hui devenus notre activité principale, car c'est ce qui fait vivre notre univers littéraire et préserve ce caractère unique qui nous plaît. Si certains supports de lecture disparaissent petit à petit au profit de medias plus modernes — du fanzine au webzine, des listes de discussions aux réseaux sociaux, etc. — il reste que nous sommes tous attachés aux livres originaux au format papier, non seulement à l'objet que l'on peut aujourd'hui commander en trois clics, mais surtout à ce qui va autour, c'est-à-dire les rencontres, les discussions, le partage et les possibles collaborations qui s'improvisent au gré des initiatives de nos membres les plus passionnés et, bien entendu, au plaisir de lire !

La participation de chacun à cette fourmillante activité littéraire et autour de la littérature se coordonne le plus simplement possible par le moyen de notre association, et c'est la raison d'être de l'ODS. En y adhérant, et surtout en participant par votre présence et votre concours à ces rencontres, ainsi qu'à la naissance et la réalisation de nouveaux projets, vous nous aidez à prolonger la vie de notre multivers littéraire. Bienvenue à tous et merci pour votre présence !

Emmanuel Thibault, membre du Conseil de AODS.

LES ÉDITIONS DE L'ŒIL DU SPHINX

SARL au capital de 15.245 €

R.C.S. Paris B 432 025 864 (2000 B11249)

36-42 rue de la Villette

75019 PARIS

Mail ods@oeildusphinx.com

http://www.œildusphinx.com

Tél 09.75.32.33.55

Fax 01.42.01.05.38

Toutes nos parutions sont sur :
http://boutique.oeildusphinx.com

Achevé d'imprimer en mai 2022
par Createspace
(KDP)